まなびのずかん統計学の図鑑

誰 都 看 得 懂 的

統計學
超圖解

涌井良幸、涌井貞美　著　趙鴻龍　譯

楓 葉 社

序　言

　　雖然「現代為IT化的社會」一說由來已久，可是現代IT化的發展速度卻比當初出現這個說法時所想像得還要迅速；以結果來看，每日充斥在社會上的資訊正在日益增加當中。近年來，大數據（Big Data）、IoT（Internet of Things，又稱「物聯網」）這些名詞幾乎成為大眾媒體每日茶餘飯後的話題；如何才能因應現代IT化社會所產生的龐大資料量，在在顯示出這個在不斷失敗實驗中發展的現代化社會現象。

　　處於這樣的社會當中，「資訊收集」的知識就更顯重要了。資訊收集是因應所有資訊及處理各種資料的一種學問，在近年來的教育界可說刮起了一陣旋風；而在背後支撐這些資訊的便是統計學。統計學是一門學習處理資料方式的學科，為提供資料及資訊處方箋的科學知識。倘若沒有這門學科，無論資訊多麼龐大珍貴，也無異於一堆殘破瓦礫。

　　然而不幸地，日本的公立學校並不重視統計學；譬如在大多數的大學考試中，統計學並非必備的知識。這實際上造成了日本大部分的學生、上班族、教育學家都不具備統計學的知識，日本並沒有讓統計學的教育＝資訊收集向下扎根。

　　舉例來說，從教育環境來觀察吧。於是我們看到當前現狀為人們只會利用電腦計算出平均值及標準化值便心滿意足了，完全沒有類似哪種科目與哪種科目相關、在哪種情況下得以發揮教學效果這類統計分析的能力，就連職場上也是如此；我們經常會看見國際會議上仰賴IT知識，並活用統計資料的歐美商務人士，讓日本人啞口無言的尷尬場面。

　　這種狀況可以說是日本的悲哀吧。本書的目的正是為了導正這種現況，並讓資訊收集成為上萬人的共有財產而企劃的，並且擺脫艱澀難懂的數學而掌握統計學的思考方式，從而觀察出統計學的整體樣貌。縱使只有看圖，也能從內容當中學習到統計學的內涵。

　　本書冀望能改變讀者對於資料及資訊的看法，並且讓充斥在IT化社會的各種資料轉化為「珍貴的寶庫」。

　　最後，在本書製作的過程中有賴技術評論社的渡邊悅司先生的細心指導，因此要特別在此對他表達敬意。

2015年春
著者

CONTENTS

6章　將關係科學化的統計學（多變量分析）⋯ 107

7章　貝氏統計學 ⋯⋯⋯⋯⋯⋯⋯⋯⋯⋯ 125

8章 統計學的應用 139

本書在日本中小學、高中各學年學習的項目

在本書大部分統計學的主題當中，針對小中高各學年的數學學習項目如下。

小學 2 年級	●圖表的基礎（p.22）
小學 3 年級	●圖表的基礎（p.22）
小學 4 年級	●圖表的基礎（p.22）
小學 5 年級	●呈現比例的圖表（p.24）
小學 6 年級	●次數分配折線圖（p.30） ●資料的平均數（p.34）
中學 1 年級	●次數分配折線圖（p.30） ●資料的代表值（p.36） ●累積次數分配及圖表（p.32）
中學 2 年級	●機率的意義（p.52） ●發生次數（p.54）
中學 3 年級	●機率在統計中受到重視的原因（p.50）
高中數學 I	●顯示關係的圖表（p.26） ●顯示分布的圖表（p.28） ●變異數和標準差（p.38） ●離散度（p.40） ●用來表示資料相關性的數值（p.46）
高中數學 B	●隨機變數與機率分配（採用離散型隨機變數時）（p.58） ●連續型隨機變數與機率密度函數（p.62） ●獨立試驗定理與二項分配（p.64） ●常態分配（p.66） ●母體平均數與樣本平均數（p.70） ●中央極限定理（p.72）

本書的特點與使用方法

　　本書從國小所學到最基礎的統計學開始，並將多變量分析、貝氏統計學、大數據等進階內容全數囊括進來，是一本擁有充實內容的工具書；並利用全彩和簡單的圖表，而得以輕鬆愉快地閱讀學習。

前頁附有每個主題在日本教育中哪個學年學習的表格哦。

主題
為每一頁所學習的主題名稱。在各頁的標題下，都會附上內容簡潔的短文。

解說
從基本的統計學基礎知識開始，乃至切入正題，簡潔地進行深入淺出的解說。

公式、定理
列舉出學習統計學時必備的公式及定理。

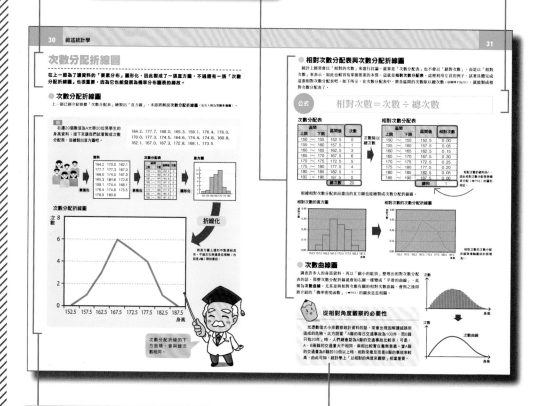

範例
利用具體的實例，以加強理解各個項目。

專欄
以專欄的形式介紹補充內容，以及衍生出來的問題、公式解法等等。

1 了解統計學的基礎

何謂統計學

調查一下統計學的功能及其意義吧。

● 何謂統計

　　統計據稱擁有數百種定義，這是因為它能隨著運用及研究角度的不同而有不一樣的看法。為了要了解**某個群體**的傾向及特徵而進行「觀測」及「調查」，並將結果匯整為「數字」及「文字」（這些稱為資料或數據）的，在本書中就將這些稱為**統計**。

來確認統計究竟是指什麼吧。

① 決定主題

▼

② 收集數據 ▶

③ 整理數據（資料）

BBB	B	B	B	B	B	B
AAA	1	2	1	000	2	1
AAA	0	1	0	000	1	0
AAA	1	2	1	000	2	1
AAA	0	3	0	000	3	0
AAA	0	1	0	000	1	0
AAA	0	1	0	000	1	0
AAA	1	2	1	000	2	1
AAA	2	2	2	000	2	2
AAA	0	1	0	000	1	0
AAA	1	1	1	000	1	1

匯整成表　　　　　**製作統計圖表**

統 計

● 統計學的目的

　　正如「統計」一詞包含了各種定義，「統計學」的定義也包羅萬象。本書是將從各種數據或資料中「獲取統計的方法」、以及「提供統計分析方法的工具」稱為**統計學**。

統計學的使用對象稱為資料或數據。

統計學是指利用「數值」及「文字」，將群體的「傾向」及「性質」以客觀的角度來表示的一門學科。

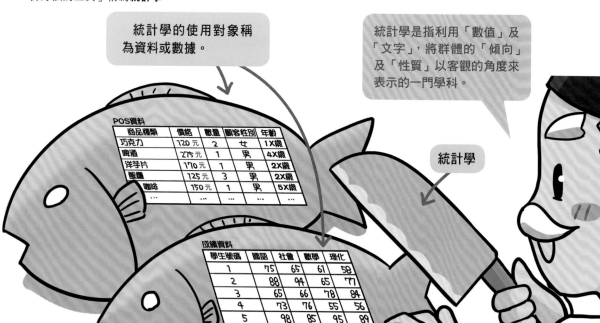

統計學

POS資料				
商品種類	價格	數量	顧客性別	年齡
巧克力	120元	2	女	1X歲
啤酒	275元	1	男	4X歲
洋芋片	170元	1	男	2X歲
飯糰	125元	3	男	2X歲
咖啡	150元	1	男	5X歲
…	…	…	…	…

成績資料				
學生號碼	國語	社會	數學	理化
1	75	65	61	58
2	88	94	65	77
3	65	66	78	84
4	73	76	55	56
5	98	85	95	89
…	…	…	…	…

● 統計學的分類　統計學的分類大致上如下圖所示。

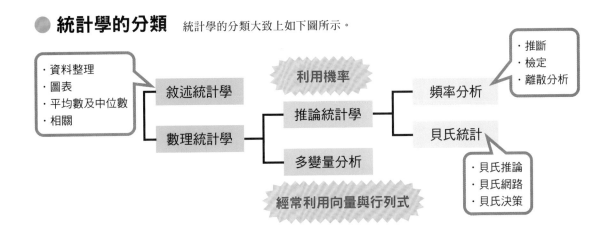

- ·資料整理
- ·圖表
- ·平均數及中位數
- ·相關

敘述統計學

數理統計學

利用機率

推論統計學

多變量分析

經常利用向量與行列式

頻率分析

貝氏統計

- ·推斷
- ·檢定
- ·離散分析

- ·貝氏推論
- ·貝氏網路
- ·貝氏決策

● 敘述統計學、推論統計學、多變量分析的差異

利用調查日本人身高與體重，來觀察敘述統計學、推論統計學、多變量分析之間有何差異吧。

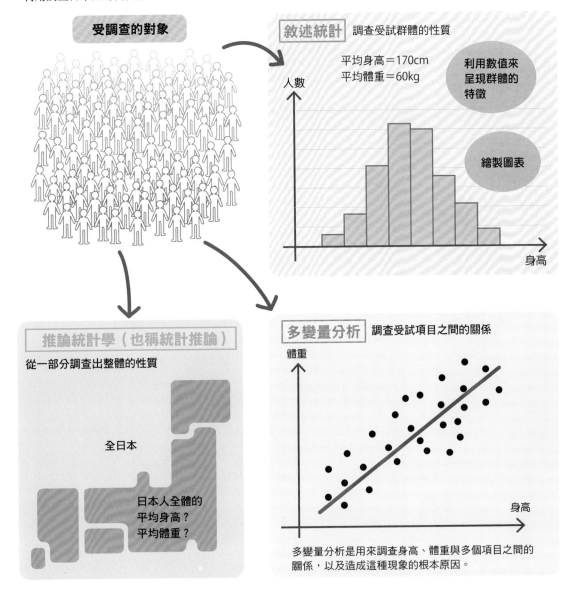

受調查的對象

敘述統計　調查受試群體的性質

平均身高＝170cm
平均體重＝60kg

利用數值來呈現群體的特徵

繪製圖表

人數

身高

推論統計學（也稱統計推論）

從一部分調查出整體的性質

全日本

日本人全體的
平均身高？
平均體重？

多變量分析　調查受試項目之間的關係

體重

身高

多變量分析是用來調查身高、體重與多個項目之間的
關係，以及造成這種現象的根本原因。

統計的實施及運用方法

調查群體內「各種要素」，讓「群體的性質」具體呈現出來的就是統計。
來觀察一下「各種要素」的調查方式，也就是實施統計的方法吧。

● 實施統計

　　如果「某個群體」出現某些疑問及問題點的話，那麼就會針對這個群體的「各種要素」進行具體的調查；這裡最重要的就是事先發現「疑問及問題點」、以及針對疑問及問題點提出自己的看法（此稱為**假設**）。為了要證實這個「假設」，故而開始進行調查並收集資料，也就是**實施統計**。

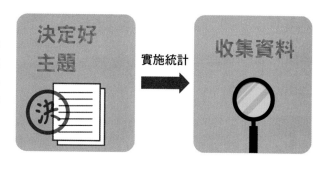

● 統計的運用方法

　　單憑實施統計調查以及進行分析，並無法充分地活用統計。針對最初發現到的「疑問及問題點」進行分析，並調查「自己的想法」（假設）是否正確，此外也要努力地找出「新的問題及疑問」；我們將這個過程稱為**PPDAC統計調查循環**。

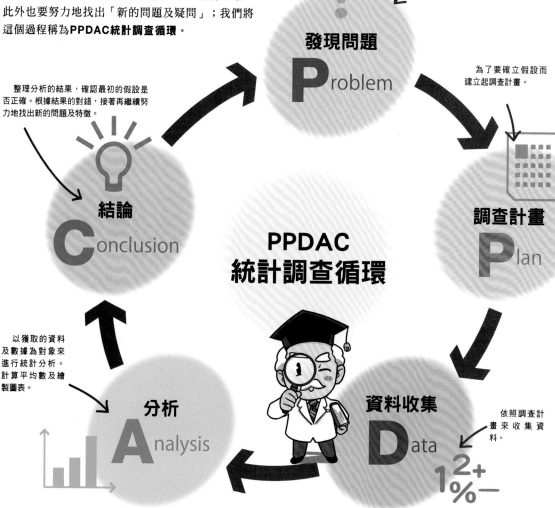

找出統計上有何問題及特徵，並提出「可能是這樣吧」的猜測（也就是假設）。

整理分析的結果，確認最初的假設是否正確。根據結果的對錯，接著再繼續努力地找出新的問題及特徵。

發現問題
Problem

為了要確立假設而建立起調查計畫。

結論
Conclusion

PPDAC
統計調查循環

調查計畫
Plan

以獲取的資料及數據為對象來進行統計分析。計算平均數及繪製圖表。

分析
Analysis

資料收集
Data

依照調查計畫來收集資料。

統計資料及數據的獲取方法

統計最困難之處在於要如何獲取良好的資料及數據。所謂的良好資料及數據，就是指公平且客觀的資料。

有一句用來評價統計的名言：

「世上有三種謊言，就是謊言、天大的謊言、與統計數字。」

這句話是出自19世紀後半的英國首相Disraeli之口。確實，假使利用不公平且主觀的數據及資料的話，無論是什麼樣的統計結果都能夠導出。

對此，我們該如何獲得良好的數據及資料呢？

① 為了什麼而進行調查呢（調查目的）
② 調查什麼樣的事情呢（調查事項）
③ 以誰作為對象而進行調查呢（調查對象）
④ 何時進行調查呢（調查時間）
⑤ 如何進行調查呢（調查方法）

我們應該要確實地訂出以上幾點，並建立好調查計畫，以獲取公正無私的客觀資料為目標而努力不懈。

例1 **銅板正反面的出現比例**

重複將手上的1枚銅板擲出數次，感覺似乎正面出現的比例（也就是機率）較大，於是試著以統計進行調查。

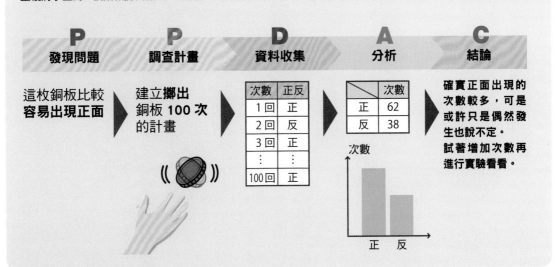

	P 發現問題	**P** 調查計畫	**D** 資料收集	**A** 分析	**C** 結論
	這枚銅板比較**容易出現正面**	建立**擲出銅板 100 次**的計畫			確實正面出現的次數較多，可是或許只是偶然發生也說不定。 試著增加次數再進行實驗看看。

次數	正反
1 回	正
2 回	反
3 回	正
⋮	⋮
100 回	正

	次數
正	62
反	38

次數

正　反

例2 **每對夫妻的子女數**

在這個少子化的現代中，針對結婚的夫妻所養育的子女數進行調查。

	P 發現問題	**P** 調查計畫	**D** 資料收集	**A** 分析	**C** 結論
	夫妻的**子女數**有多少呢？	針對**500 個家庭**調查**子女數**			2011年所調查出來的平均數為1.96人，相較之下子女數是增加的。 為了要正確地進行預測，對於收集資料的方式應該再重新作一次檢討。

500 對夫妻

家庭	子女數
1	2
2	1
3	0
⋮	⋮
500	2

子女數	家庭數
0	87
1	202
2	192
⋮	⋮
計	500

平均值 1.99 人

統計學的歷史

如同之前所述（➡P10），統計及研究統計的統計學有著各種不同的定義；其中的原因是由於它有3個不同的起源。

● 統計學的3個起源

- ・掌握國家及社會實際狀況的學問
- ・整理大量資料及數據的學問
- ・從機率這類數學的角度獲取資料及數據的學問

「統計學」一詞給人的印象會因人而異的原因就在於此。

讓我們調查一下這3個統計學的根源吧。

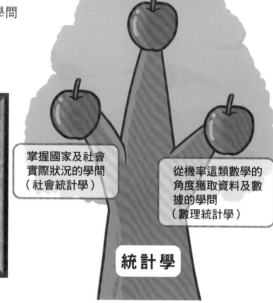

整理大量資料及數據的學問
（敘述統計學）

掌握國家及社會
實際狀況的學問
（社會統計學）

從機率這類數學的
角度獲取資料及數
據的學問
（數理統計學）

統計學

整合3個起源的是
凱特勒哦！

凱特勒（1796～1874）

統計學是從3個起源當中產生出來的。到了19世紀中期，比利時的**凱特勒**（1796～1874）開始將它們整合為1個學問體系；凱特勒因為這個成就而被譽為「近代統計學之父」。

● 掌握國家及社會實際狀況的學問

這門「統計學」具有最悠久的歷史。過去一國的統治者為了稅賦及兵役問題，必須正確地掌握領地內的實際情況，古埃及則是為了建設金字塔而進行調查。據說，羅馬帝國的開國君主**奧古斯都**，也曾經進行過全國人口及土地的調查（現今將國勢調查稱為「人口普查」，也是受到這個名稱的影響）。

到了近代，掌握國家實際狀況的統計越顯重要；例如17世紀的德國相當盛行「國勢學」。歐洲各國為了要擴大勢力範圍而彼此激烈對抗，由於一國的繁榮與否會反映在人口及貿易上，因此統計學便應運而生。此時為了掌握產業及人口數量的資料，相關的調查及研究也如火如荼地展開。

法國則是由發現統計重要性的**拿破崙**（1769～1821），於1801年設置統計局開始，使得政府也隨之整頓統計資料；各國最初的近代人口普查，也是在這個時期開始進行。

19世紀的法國統計學家**Maurice Bloch**認為：「有國家就有統計。」這些分析統計的統計學是管理一個國家不可或缺的一項工具。

奧古斯都
（西元前63～14）

照片：Till Niermann

拿破崙
（1769～1821）

● 匯整大量資料及數據的學問

統計據說是由英國的**約翰·葛蘭特**（1620～74）所發明。他在調查英國人口的過程中，面對看似雜亂無序的事物，致力於找出當中的「規則性」；這種方式有別於過去統計學直接獲取資料的做法。葛蘭特是根據數量來觀察社會上的現象，並找出隱藏在背後的「規則性」。

英國的**愛德蒙·哈雷**（1656～1742）將這樣的理論更進一步地發展；他在發現哈雷慧星的貢獻上也非常有名。一直以來人們認為人類的死亡是偶然發生的，可是在當時調查英國人口時，他卻找出當中具有一定的規律性，因而使得壽險公司得以開始根據這個理論計算出合理的保險費用，可以說在某種意義上建立了今日壽險業的基礎。

愛德蒙·哈雷
（1656～1742）

● 以數學的角度掌握資料及數據的學問

有別於以往統計學的潮流，而出現一種將統計的現象「算出機率」的想法；現今擺在書店中的統計學幾乎都是以這個方向進行解說。換句話說，統計的現象與骰子出現的點數相同，是為「偶然發生的現象」。

當中最著名的大概就是**帕斯卡**（1623～62）及**費爾馬**（1600年代初期～1665）吧。他們創造出「期望值」、「估計」、「檢定」、「樣本理論」等論點基礎。

帕斯卡（1623～62）
照片：Janmad

● 社會統計學與數理統計學

我們將掌握國家及社會實際情況的統計稱為**社會統計學**，以數學的角度掌握資料及數據的統計則稱為**數理統計學**。同樣皆為統計學，卻分為俗稱「文組」與「理組」兩種不同的領域，其實就是從上述的歷史中創造出來的。

「統計學」一詞的由來

統計學的英文為「statistics」，與「國家（state）」、「狀態（status）」等詞同樣都是出自於拉丁文當中。statistics是根據拉丁文「狀態（statisticum）」的意思而來，不久便成為表示「國家」的意思，為代表一門比較及檢討一國人力、財力等國勢資料的學問。雖說國勢調查可算得上是統計的代表，但「國勢」一詞更能讓人感受到統計學悠久的歷史背景。

不過從日文的「統計」字面上的意思來看，它代表「收集所有東西並加以計算」的意思；據說在明治時期之初曾經拿來當成「合計」的意思。最初將採用統計方法的「統計學」作為英語「statistics」譯詞的究竟是誰，儘管沒有留下明確的證據，但據聞或許是柳河春三也說不定。柳河春三為愛知縣名古屋人，在日本是第一個發行「雜誌」的出版刊物的人，他所創刊第一份由日本人編輯的報紙也十分有名。

有關「statistics」的譯詞，還曾經提出過「政表」、「表記」、「表紀」、「形勢」等名詞，然而除了「統計」之外的譯詞並不固定，因此不久後便銷聲匿跡了。

越發活躍的統計學

在現代資訊化社會中，統計學的作用變得越來越重要。詳細的內容會在之後說明，這裡先介紹幾個有名的例子吧。

● 商務、市場上的應用

什麼樣的商品會在哪種氣候下受到哪些年齡層的人們所購買，了解這些資訊對於商品的販售十分重要。此外，調查某個商品帶給人們何種印象，也會成為販賣商品時相當重要的資訊之一。

到了現代，統計學已經能夠提供這類資訊了。

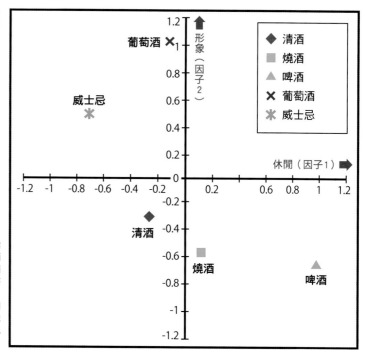

右圖為分析酒類帶給人們的印象。對於哪些酒類具有大眾印象、哪些酒類具有平易近人的印象等等進行分析。

這張圖是根據許多問卷調查而繪製出來的；我們能夠進行這種分析，也全賴統計學的協助。

出處：參考「根據多變量分析所進行的酒類消費者需求分析——基於年輕消費者的問卷調查」而製成。

● 大數據時代

充斥在網路上的各種資料、手機發出的位置資訊、個人送出的情報等等，這些皆稱為**大數據**。

現代這些無關緊要的資料也成為統計學的分析對象；商品大賣或滯銷、選舉當選或落選、景氣狀況的好壞等皆能先行預測出來，使得統計學變得越來越有趣了。

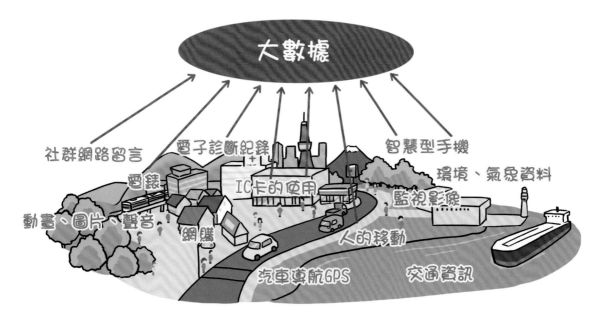

長尾理論與網際網路

由於網際網路的普及，因此網路購物也隨之急速蓬勃發展，此時一種稱為**長尾理論**的統計現象開始成為話題。過去是以「所有商品的前20%商品占了銷售額的80%」與「所有顧客的前20%顧客占了銷售額的80%」的**80/20法則**為主；然而不會受到店面面積等物理上限制的網路購物又衍生出全新的法則，「長尾理論」就是其中之一。非大眾化的商品（利基商品）也能讓一部分的人們購買，並從中獲取利益。

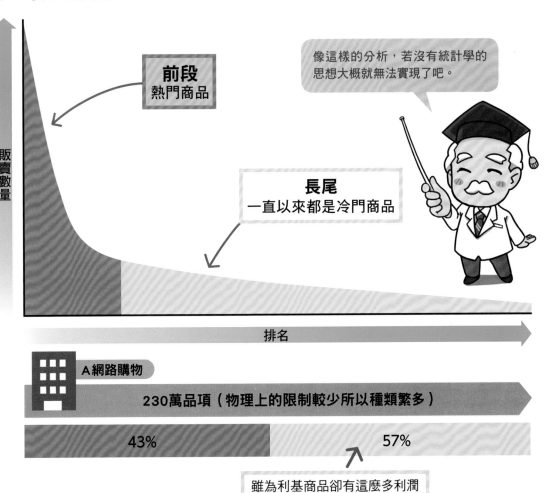

資訊圖表

到目前為止，我們雖然觀察到統計學與現代複雜的資訊社會息息相關，但是分析的資訊卻變得越來越多樣化，而使得我們開始難以理解。此時，將分析結果以淺顯易懂的方式呈現出來的研究，也正如火如荼地展開當中，其中一種最常在日常生活見到的呈現方式，就是**資訊圖表**（infographics）。

將經濟產業省複雜的統計資訊以淺顯易懂的方式呈現，架設出名為「Tsutagra」的協助網站。這也是嘗試提高資訊圖表領域能見度的一種方法。

統計學所使用的資料種類

以統計學作為對象的數字及文字稱為「資料」及「數據」，其中又可分為數種類型。在這裡介紹幾個典型的類型吧。

● 連續資料與離散資料

就算是數值，也能分為如身高一般以無數細微的小數呈現、以及像骰子點數一樣只能取得不連續值的數字。

資料及數據可以分為**連續資料**和**離散資料**兩種。

	意義	例子
連續資料	以連續數值呈現的資料	身高、體重、時間、血壓、經濟成長率、卡路里
離散資料	以不連續數值呈現的資料	骰子點數、年齡、考試分數

連續資料 1.234, 3.141

離散資料 1, 1, 2, 6, 6, 3…

● 質的資料與量的資料

雖說資料及數據是以數字來呈現，但資料未必具有數值的性質。以問卷調查為例，儘管能夠以「喜歡為1、討厭為2」的方式來加以表示，可是這些1、2的資料卻無法進行加減乘除的運算。這裡區分為數字資料與類似身高資料兩大類，請參考右表。

		意義	例子
質的資料	名目尺度	名目上加以數值化的尺度	男生以1、女生以2來表示
	順序尺度	在名目尺度加上代表順序的尺度	以「喜歡」為1、「普通」為2、「討厭」為3來表示
量的資料	區間尺度	在順序尺度加上代表數字間隔的尺度	室溫計所顯示的溫度及時間
	比率尺度	在間隔尺度加上代表數值比率的尺度	身高、體重、時間

【註】將質的資料稱為類別資料的文獻也不在少數。

資料種類

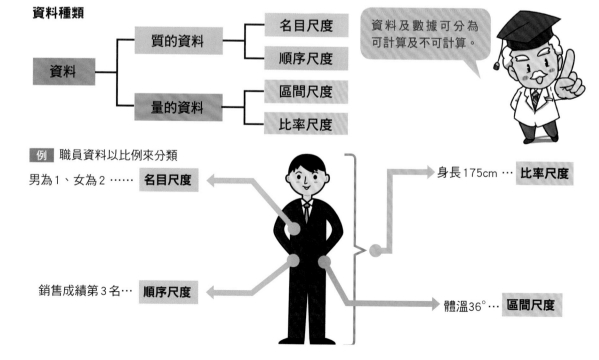

資料及數據可分為可計算及不可計算。

例 職員資料以比例來分類

男為1、女為2 …… **名目尺度**

身長175cm … **比率尺度**

銷售成績第3名… **順序尺度**

體溫36° … **區間尺度**

● 初級資料與次級資料

在利用統計學進行分析時，資料可分為為了進行統計分析而取得的資料、以及從其他地方獲得的資料兩種。前者稱為**初級資料**、後者則稱為**次級資料**。現代社會常呼籲大眾能將初級資料積極地提供給其他人，並作為次級資料而用來驗證及應用。

初級資料

初級資料是為了統計分析的目的而直接取得的資料。

次級資料

次級資料是將初級資料挪到其他用途的資料，與驗證及新的發現息息相關。

● 結構化資料與非結構化資料

在現代這個大數據的時代，統計學將各種不同的資料都作為分析的對象。除了過去的「調查資料」及「實驗資料」之外，就連「訊號資料」、「網路留言資料」等等都成為統計學的分析對象。過去的調查及實驗資料雖然是將資料記錄在「固定表格」當中，然而「訊號資料」、「留言資料」卻會取得各種不同的內容。我們將過去「固定的資料」稱為**結構化資料**，由大數據所構成的「非固定資料」則稱為**非結構化資料**。

結構化資料

編號	身高	體重	血型	過去症狀
1	173.5	67.2	A	無
2	168.8	61.7	O	有
3	180.5	82.2	B	無
4	162.5	50.2	A	無
5	171.8	63.8	A	有
6	159.5	48.5	AB	無
7	182.5	78.5	A	無
8	175.8	77.2	B	有
9	178.8	78.8	AB	無

非結構化資料

 開放資料

近年來，**開放資料**一詞在媒體間刮起一陣旋風。所謂的開放資料是指將政府、地方自治團體、產業界所收集到的初級資料，整理為次級資料並公開的資料（資料收集者只對相關人員公開的資料，稱為**封閉資料**）。若大量公開開放資料的話，便可能在各種資料中找到更進一步的價值，有效運用在各種用途上。

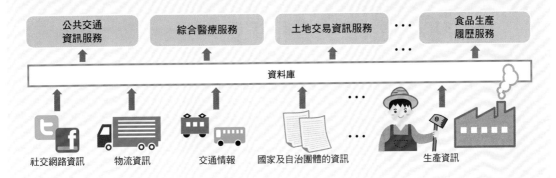

統計學人物傳 **1** **南丁格爾與統計**

眾所皆知，**南丁格爾**（1820～1910）為一名英國的護士。她在克里米亞戰爭時跟隨軍隊，為傷病士兵提供醫療護理，並從中了解到護士角色的重要性。戰後致力於提升護士的名譽及社會地位，同時也為英國市民的醫療衛生制度提出改革的訴求，並對之後的紅十字運動帶來影響。

克里米亞戰爭是距今約160年前所爆發的大規模戰爭（1853～1856），為不列顛帝國、法蘭西帝國、薩丁尼亞王國、鄂圖曼土耳其帝國等4國，與俄羅斯帝國之間為了爭奪中東、近東、巴爾幹半島的統治權而開戰；由於主戰場位於克里米亞半島與黑海附近而得名。

後人根據克里米亞戰爭的貢獻評價，而將南丁格爾稱為「近代護理教育之母」，不過在日本卻鮮少有人知道她與統計之間有著極深的淵源。

南丁格爾在克里米亞戰爭時跟隨軍隊，經歷不少傷病士兵因為醫療體制不完善而死亡的實際狀況，基於這樣的體驗故而提出陸軍醫療衛生制度的改革。此時南丁格爾開始了解到「統計資料的重要性」和「訴求方法（以現在的用語來說就是企劃）的重要性」，她針對「資料收集」與「呈現方式」下了一番工夫研究，並訴求軍隊及都市醫療衛生的改革。

南丁格爾具備將戰爭時獲得的實際資料靈活運用的素養。她生於上流社會家庭，並接受過歷史、語文、音樂等高等教育，此外從年輕時便信奉比利時「近代統計學之父」**凱特勒**（1796～1874）的思想，對於數學及統計一向抱有強烈興趣，因此受到在克

南丁格爾
（1820～1910）

里米亞戰爭的親身經歷所刺激，使得她年輕時獲得的知識得以發揮。事實上，她充分地運用統計的相關知識，分析有關英軍戰死者及傷病者的龐大資料，讓人們了解到大部分士兵的死亡原因並非戰鬥時所受的傷，而是因為負傷後的治療及醫院的衛生狀態所導致。

南丁格爾實際所使用的圖表（稱為「雞冠花圖」）如下所示。在沒有使用圓餅圖及直方圖的當時，這種資料表現方式不但是一項創舉，而且還能夠讓人一目了然。在那個連統計分析等名詞都沒有的時代中，如果沒有經過一番努力，我想或許也無法說服對統計概念薄弱的國會議員及官員吧。

南丁格爾的無私奉獻，加上利用統計學的說服力，讓醫院內的衛生狀況得以獲得改善，使得傷病者的死亡率大幅地下降了。

「雞冠花圖」

這是最初將統計資料圖形化後的圖表。

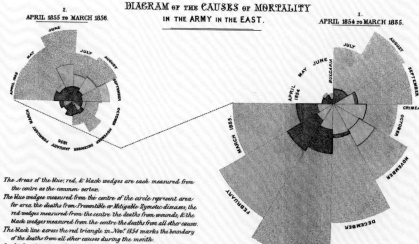

2

敘述統計學

圖表的基礎

統計學的主要目標，在於了解大量數字及文字背後所隱含的傾向及特徵；當中最有效的方法就是整理成表格並以圖來表示。我們將這樣的統計學稱為「敘述統計學」。

● 資料的整理

統計學是一門「分析資料」的學科，而資料是由各種數字及文字的「數據」所構成。可是如果這些數字與文字不加以整理的話便會難以分析，因此首要之務就是要進行**資料的整理**；大部分都是將數字及文字資料整理成「表格」。

上圖是將4名學童的數學成績彙整為一份**個人分數**的表格。

姓名	分數
太郎	65分
花子	87分
二郎	59分
桃子	73分

個人分數

● 變數和要素

個人資料是由數個**要素**所構成，要素有時也稱為**個體**或**紀錄**。每個要素是由區分要素的**要素名稱**（或是**個體名稱**、**紀錄名稱**）和實際值（**數據**）所組成。個人資料內的要素個數稱為**資料大小**，表格內的「分數」一般稱之為**變數**（「分數」的名稱叫做**變數名稱**）。

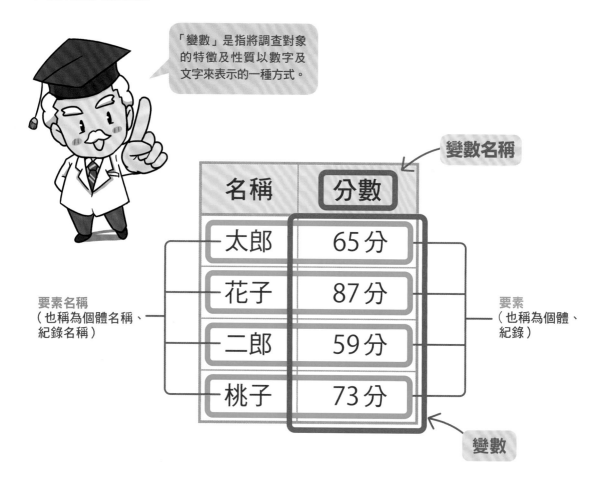

「變數」是指將調查對象的特徵及性質以數字及文字來表示的一種方式。

變數名稱

名稱	分數
太郎	65分
花子	87分
二郎	59分
桃子	73分

要素名稱
（也稱為個體名稱、紀錄名稱）

要素
（也稱為個體、紀錄）

變數

● 資料的圖示

圖表

　最簡單的表格無須將調查結果、實驗結果，以及觀察結果加總，而是直接呈現在表格上。最簡單的圖示則是在表格上直接用圖案來表示。順帶一提，如右圖以圖示來表達資料的稱為**繪畫圖表**。

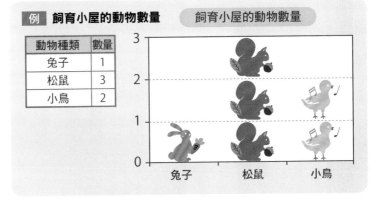

動物種類	數量
兔子	1
松鼠	3
小鳥	2

飼育小屋的動物數量

直方圖

　上圖中是將組成資料的各個要素數值直接畫成兔子、松鼠、小鳥，不過一般會將這些換成較抽象的長方形，我們將它稱為**直方圖**；直方圖能夠一眼就看出組成要素之間數值的「差異」。

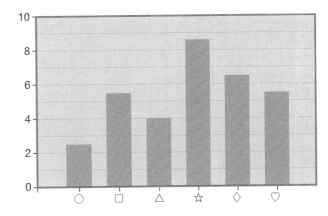

折線圖

　方便用來表示時間、大小、強弱等「變化」的就是**折線圖**。

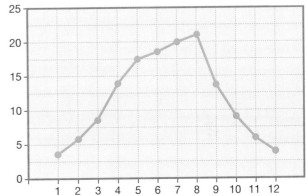

● 綜合圖

　將2張圖重疊表示的稱為綜合圖。由於是同時表示複數的情報，因此相當便利。

也能讓圖表重疊表示哦。

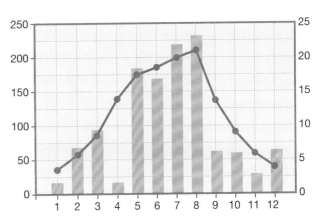

呈現比例的圖表

直方圖及折線圖一般是將構成資料的各項要素數值，直接以「圖表高度」來表示。儘管能輕易地看出各個項目的數值差異，可是卻不適合用來表示整體的比例，這時若使用長條圖或圓餅圖就很方便了。

● 比例

從整體來觀察「個別要素占有多少比例」，對於了解此要素的重要性及影響力十分重要。**比例**通常是以百分比（%）來表示，此外比例的視覺化最適合採用「長條圖」及「圓餅圖」。

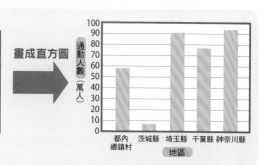

例

每天有 300 萬人以上的通勤族從周邊地區來到東京 23 區上班上課，想要簡單地表示各地區通勤人數的話，該使用哪種圖表比較適合呢？

從其他地區來到東京 23 區的通勤人數

地區	通勤人數
都內鄉鎮村	58 萬人
茨城縣	7 萬人
埼玉縣	91 萬人
千葉縣	77 萬人
神奈川縣	94 萬人
合計	327 萬人

出處：「東京都的日間人口平成17年」
東京都總務局統計部

上面的「直方圖」稱不上一目了然，讓我們試著計算出各地區占了整體多少「比例」吧。比例可以由下列公式求得。

公式

$$比例 = 要比較的數量 \div 總數量$$

百分比

將用來表示比例的 0.01 稱為百分之一，以 1% 來表示。利用百分位表示的比例，稱為百分比。
百分比是指將原本的總數量比例視為 100 的表達方式。

從其他地區來到東京 23 區的通勤人數

地區	通勤人數	比例
都內鄉鎮村	58 萬人	17.7%
茨城縣	7 萬人	2.1%
埼玉縣	91 萬人	27.8%
千葉縣	77 萬人	23.5%
神奈川縣	94 萬人	28.9%
合計	327 萬人	100.0%

※當合計不到100%時，就將比例中剩餘的部分調整為「其他」項目。

● 長條圖

「長條圖」很適合用來觀察該項目相對於整體的「比率」或「比例」；這裡將相對於整體的「比率」或「比例」以長方形分段表示。像這樣將「比例值」用「長方形長度」來表示比例的就是**長條圖**。

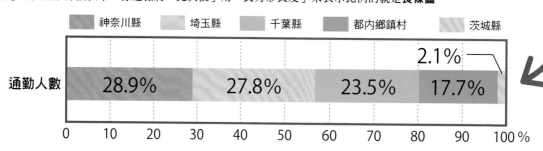

● 圓餅圖

圓餅圖就是以圓形來表示計算出來的「比例」。

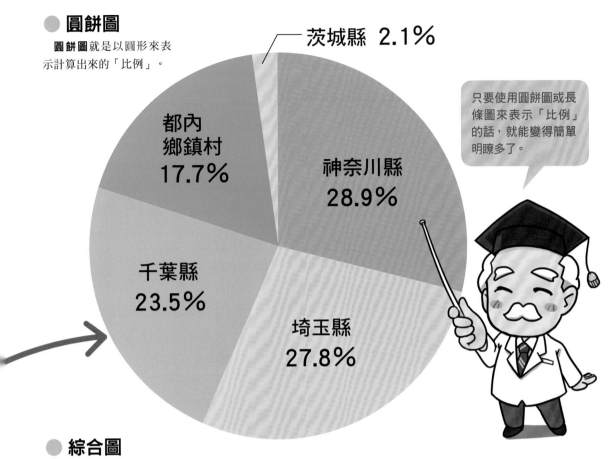

茨城縣 2.1%

神奈川縣 28.9%

都內鄉鎮村 17.7%

千葉縣 23.5%

埼玉縣 27.8%

只要使用圓餅圖或長條圖來表示「比例」的話，就能變得簡單明瞭多了。

● 綜合圖

在上一節曾經提到，同時顯示2張圖表，就能讓資料一目了然。下圖同時使用**長條圖**和**圓餅圖**，以提供更詳盡的資訊。

每個家庭每月平均消費支出

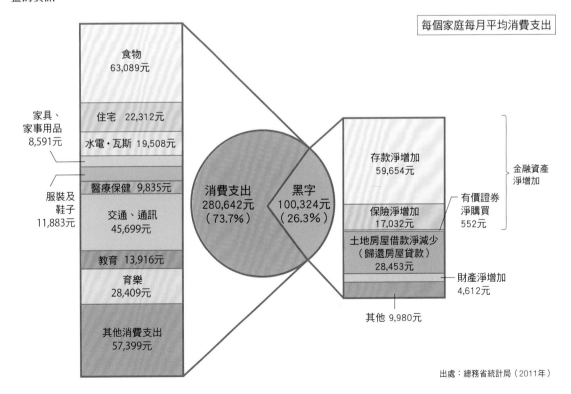

食物 63,089元

家具、家事用品 8,591元

住宅 22,312元

水電‧瓦斯 19,508元

服裝及鞋子 11,883元

醫療保健 9,835元

交通、通訊 45,699元

教育 13,916元

育樂 28,409元

其他消費支出 57,399元

消費支出 280,642元（73.7%）

黑字 100,324元（26.3%）

存款淨增加 59,654元

金融資產淨增加

有價證券淨購買 552元

保險淨增加 17,032元

土地房屋借款淨減少（歸還房屋貸款）28,453元

財產淨增加 4,612元

其他 9,980元

出處：總務省統計局（2011年）

顯示關係的圖表

截至目前為止，我們已經針對「單項資料」、也就是「單一變數資料」進行說明。這裡即將要說明的是「複數變數資料」、也就是「多變量資料」。只要利用這些資料，便能得知調查項目之間有何種關係了。

● 散布圖

想要得知資料中「2個項目之間的關係」（2變數的關係）時，**散布圖**十分便利，也稱為**相關圖**。

> **例** 下面為A高中10名女學生的身高、體重資料。我們以身高作為橫軸、體重為縱軸，來繪製散布圖吧。

資料

編號	身高	體重
1	147.9	41.7
2	163.5	60.2
3	159.8	47.0
4	155.1	53.2
5	163.3	48.3
6	158.7	55.2
7	172.0	58.5
8	161.2	49.0
9	153.9	46.7
10	161.6	52.5

散布圖

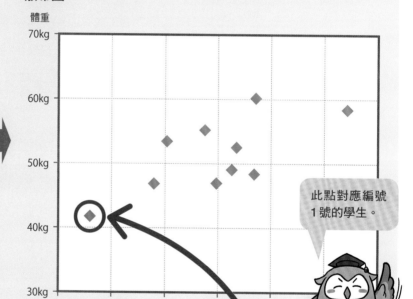

此點對應編號1號的學生。

繪製圖表的方法

想一想要如何標示「編號1」的學生。這時候要從座標的角度來思考；換句話說，就是將身高值擺在「橫軸位置」（x座標）、體重值擺在「縱軸位置」（y座標）。

編號1學生的所在點為 （147.9，41.7）

接著將這個作法套用在全部的資料上，那麼就會在座標平面上畫出整個資料的「點集合」，這就是散布圖。

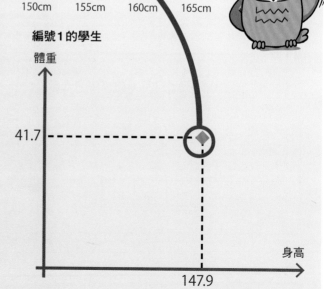

編號1的學生

● 正相關、負相關

左頁的**散布圖**例子，點的方向大致上是往右上分布，這代表著身高越高體重就越重。像這樣2個變數之間「一方增加則另一方也會增加」的關係，我們稱為**正相關**；反之，「一方增加、另一方減少」的關係就叫做**負相關**。左頁的範例正是典型「正相關」的例子；這裡將散布圖中2個變數之間的關係以視覺化來表示。

低度正相關
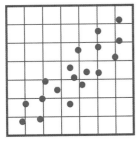
具有一方增加、另一方也稍微增加的趨勢。

正相關
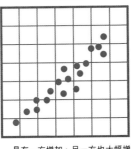
具有一方增加、另一方也大幅增加的直線趨勢。

高度正相關
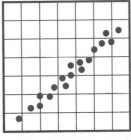
點往右上方成直線排列，表示有很強的正相關。

無相關
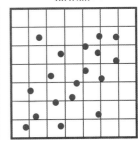
點相當分散，沒有呈現任何趨勢。

低度負相關
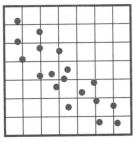
具有一方增加、另一方卻稍微減少的趨勢。

負相關
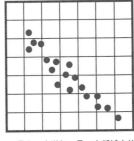
具有一方增加、另一方卻減少的直線趨勢。

高度負相關
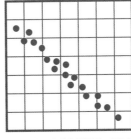
點往左下方成直線排列，表示有很強的負相關。

「正相關」、「負相關」、「無相關」為調查2組變數關係時的基本常識。

當資料存在多個項目（多變量）時

雷達圖
關於具備多個項目的資料（多變量資料），也有能夠綜觀各要素特徵的圖表，那就是**雷達圖**。

以下面的成績表格為例。

是否有能夠以視覺化來比較表格中2人成績的方法呢？這個方法就是雷達圖。

項目	國文	英文	數學	理化	社會
A生	52	78	99	56	80
B生	82	95	74	99	82

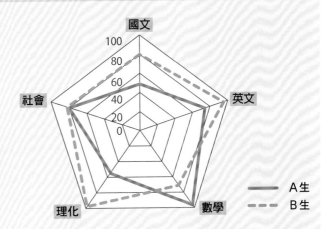

從這張圖來看，可以得知A生的數學比B生更優秀，而B生其他的科目都比A生還要出色。

顯示分布的圖表

由許多要素所組成的資料，依分散的程度（統計學中稱為「分布」）整理而製成的表格，就是「**次數分配表**」。此外，以次數分配表繪製而成的圖表就是「**直方圖**」。

● 次數分配表與直方圖

具有許多要素的資料，若以適當的間隔區分並計算頻率（稱為**次數**）的話，就能變得非常簡單易懂，這就是**次數分配表**。此時，記錄資料的各個區間稱為**組別**，而代表各組別的值則稱為**區間值**；區間值一般都會採用區間的「中間值」。此外，區間的寬度稱為**組距**，而下表的組距為10；直接用圖表顯示次數分配表的就是**直方圖**。直方圖可說是將次數分配表的「組別」視為「底寬」、「次數」作為「高度」而繪製的長方圖。

資料（考試分數）

No.	分數	No.	分數	No.	分數	No.	分數	No.	分數
1	27	11	90	21	93	31	99	41	89
2	87	12	76	22	87	32	39	42	97
3	58	13	46	23	60	33	88	43	91
4	59	14	60	24	72	34	55	44	29
5	81	15	19	25	63	35	77	45	97
6	99	16	79	26	78	36	83	46	89
7	87	17	78	27	64	37	49	47	69
8	49	18	99	28	59	38	98	48	90
9	87	19	84	29	72	39	96	49	79
10	80	20	35	30	39	40	87	50	49

次數分配表

組別（分數）	區間值	次數（人）
0以上～未滿10分	5	0
10～20	15	1
20～30	25	2
30～40	35	3
40～50	45	4
50～60	55	4
60～70	65	5
70～80	75	8
80～90	85	12
90～100	95	11
100以上		0
合計		50

「次數分配表」和「直方圖」主要用於呈現身高、體重、時間、血壓、經濟成長率、卡路里等連續資料的分散（分布）程度。

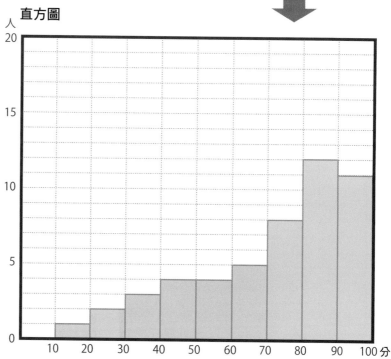

直方圖

● 箱形圖

比較具有分散性質的資料時，利用**箱形圖**就方便多了。下圖顯示第1組與第2組考試成績的箱形圖。

從這個圖來看，即便沒有呈現原始資料（個人分數），也能夠利用兩組箱子所延伸出來的線（＝箱鬚），讓分散的資料得以清楚顯露出來。

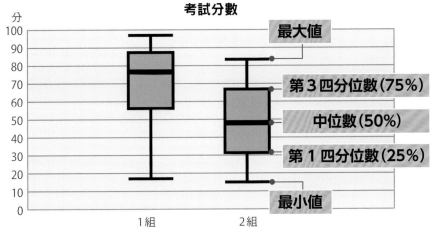

考試分數

能夠清楚呈現資料的分散程度。

當數據由小而大排列時，從全體資料最小的地方開始算起，25%的值為第1四分位數、50%的值為中位數（第2四分位數）、75%的值稱為第3四分位數。
　【註】有關中位數、四分位數的說明詳見36、41頁。

● 莖葉圖

還有一種簡單整理分散資料的表格，那就是**莖葉圖**。右圖為將左邊的考試成績以莖葉圖來表示的表格。

當50分這一階共有55分、58分、59分、59分等4人時，那麼就在莖的部分寫上50以表示十位數，葉的部分則是將每個分數的個位數加以排序。

考試分數

（十位數） 莖	（個位數） 葉	（人數） 次數
90	00136778999	11
80	013477777899	12
70	22678899	8
60	00349	5
50	5899	4
40	6999	4
30	599	3
20	79	2
10	9	1
0		0

將數字分別填進稱為「莖」的左欄（這裡是指考試分數的十位數）、以及稱為「葉」的右欄（這裡是指考試分數的個位數），讓數值簡單地呈現出來。

次數分配折線圖

在上一節為了讓資料的「要素分布」圖形化，因此製成了一張直方圖，不過還有一張「次數分配折線圖」也很重要，因為它也能發展為機率分布圖表的緣故。

● 次數分配折線圖

上一節已經介紹根據「次數分配表」繪製出「直方圖」，本節將解說**次數分配折線圖**（也有人稱為**次數多邊圖**）。

例

右邊20個數值為A大學20位男學生的身高資料；接下來讓我們試著製成次數分配表，並繪製出直方圖吧。

184.2、177.7、168.0、165.3、159.1、176.4、176.0、
170.0、177.3、174.5、164.6、174.4、174.8、160.8、
162.1、167.0、167.3、172.8、168.1、173.5

資料

184.2	170.0	162.1
177.7	177.3	167.0
168.0	174.5	167.3
165.3	164.6	172.8
159.1	174.4	168.1
176.4	174.8	173.5
176.0	160.8	

數值化

次數分配表

區間		區間值	次數
上限	下限		
150	～ 155	152.5	0
155	～ 160	157.5	1
160	～ 165	162.5	3
165	～ 170	167.5	6
170	～ 175	172.5	5
175	～ 180	177.5	4
180	～ 185	182.5	1
185	～ 190	187.5	0

表格化

直方圖

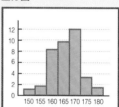

圖形化

折線化

將直方圖上邊的中點連結起來。不過左右兩邊是從橫軸（也就是x軸）開始畫起。

次數分配折線圖

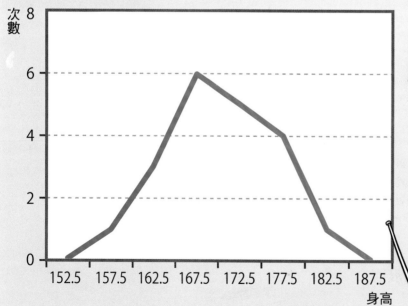

次數分配折線的下方面積，會與總次數相同。

● 相對次數分配表與次數分配折線圖

統計上經常會以「相對的次數」來進行討論。就算是「次數分配表」也不會以「絕對次數」，而是以「相對次數」來表示，如此也較容易掌握要素的本質，這就是**相對次數分配表**。這裡利用左頁的例子，試著具體完成這張相對次數分配表吧。如下所示，在次數分配表中，將各區間的次數除以總次數（這個例子為20），就能製成相對次數分配表了。

公式	相對次數＝次數÷總次數

次數分配表

區間		區間值	次數
上限	下限		
150 ～	155	152.5	0
155 ～	160	157.5	1
160 ～	165	162.5	3
165 ～	170	167.5	6
170 ～	175	172.5	5
175 ～	180	177.5	4
180 ～	185	182.5	1
185 ～	190	187.5	0
		總次數	20

次數除以
總次數

相對次數分配表

區間		區間值	相對次數
上限	下限		
150 ～	155	152.5	0.00
155 ～	160	157.5	0.05
160 ～	165	162.5	0.15
165 ～	170	167.5	0.30
170 ～	175	172.5	0.25
175 ～	180	177.5	0.20
180 ～	185	182.5	0.05
185 ～	190	187.5	0.00
		總和	1

相對次數的總和為1，因此相對次數分配表與機率分配（➡P58）的圖形相近。

根據相對次數分配表而畫出的直方圖也能繪製成次數分配折線圖。

相對次數的直方圖

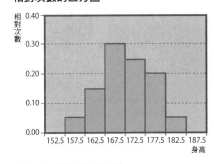

相對次數的次數分配折線圖

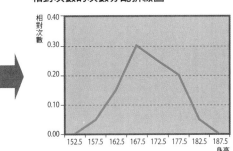

相對次數的次數分配折線與橫軸圍成的面積為1。

● 次數曲線圖

調查許多人的身高資料，再以「細小的組別」整理出相對次數分配表的話，那麼次數分配折線就會如右圖一樣變成「平滑的曲線」，此稱為**次數曲線**。尤其是與相對次數有關的相對次數曲線，會與之後即將介紹的「機率密度函數」（➡P62）的圖表息息相關。

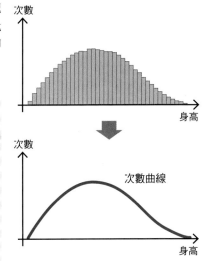

從相對角度觀察的必要性

光憑數值大小來觀察統計資料的話，常會出現因解讀錯誤所造成的危險。比方說當「A縣的每日交通事故為100件，而B縣只有20件」時，人們總會認為A縣的交通事故比較多；可是，A、B兩縣的交通量大不相同，兩相比較實在毫無意義。當A縣的交通量為B縣的10倍以上時，相對來看反而是B縣的事故率較高，由此可知，統計學上「以相對的角度來觀察」相當重要。

累積次數分配及圖表

累積各區間的次數而製成的表格稱為「累積次數分配表」；使用這張表格就能輕鬆地找出比某界限值更大（或更小）的次數。例如年所得收入在1,000萬元以上的家庭位於哪個區間、學力測驗要考幾分以上才能進入前10%等等，從視覺上來觀察十分方便。

● 累積次數分配圖表

利用上一節的例子，具體地調查出「累積次數分配表」吧。只要從較小的變數值開始累積次數的話，便能得到**累積次數分配表**，而使用這張表格就能輕鬆地找出比某界限值更大（或更小）的次數。

例1 右邊20個數值為A大學20位男學生的身高資料；接下來讓我們試著製成「累積次數分配表」，並繪製出「次數分配折線圖」吧。

184.2、177.7、168.0、165.3、159.1、176.4、176.0、
170.0、177.3、174.5、164.6、174.4、174.8、160.8、
162.1、167.0、167.3、172.8、168.1、173.5

次數分配圖

上限		下限	區間值	次數
150	～	155	152.5	0
155	～	160	157.5	1
160	～	165	162.5	3
165	～	170	167.5	6
170	～	175	172.5	5
175	～	180	177.5	4
180	～	185	182.5	1
185	～	190	187.5	0

累積次數分配表

上限		下限	區間值	累積次數
150	～	155	152.5	0
155	～	160	157.5	1
160	～	165	162.5	4
165	～	170	167.5	10
170	～	175	172.5	15
175	～	180	177.5	19
180	～	185	182.5	20
185	～	190	187.5	20

從較小的開始累積

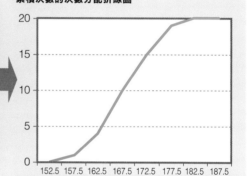

累積次數的次數分配折線圖

● 累積相對次數分配表

接著也要根據「相對次數分配表」來製成「累積分配表」，此稱為**累積相對次數分配表**。如下所示，只要從相對次數最小的變數值開始累積的話，便能得到「累積相對次數分配表」了。

相對次數分配表

上限		下限	區間值	相對次數
150	～	155	152.5	0.00
155	～	160	157.5	0.05
160	～	165	162.5	0.15
165	～	170	167.5	0.30
170	～	175	172.5	0.25
175	～	180	177.5	0.20
180	～	185	182.5	0.05
185	～	190	187.5	0.00

累積相對次數分配表

上限		下限	區間值	累積相對次數
150	～	155	152.5	0.00
155	～	160	157.5	0.05
160	～	165	162.5	0.20
165	～	170	167.5	0.50
170	～	175	172.5	0.75
175	～	180	177.5	0.95
180	～	185	182.5	1.00
185	～	190	187.5	1.00

從較小的開始累積

累積相對次數製成的就是累積相對次數分配表。

● 累積次數分配表的使用方法

累積次數分配表在調查「整體」上半部及下半部的「比例」時相當便利。

例2 利用與〔例1〕相同的表格，觀察身高175㎝以下的人數及比例占了多少。

我們可以從累積次數分配表及累積相對次數分配表中馬上得知結果為15人及0.75（75％）。

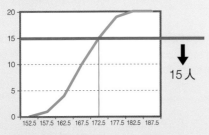

累積次數分配表

區間			區間值	累積次數
上限		下限		
150	～	155	152.5	0
155	～	160	157.5	1
160	～	165	162.5	4
165	～	170	167.5	10
170	～	175	172.5	15
175	～	180	177.5	19
180	～	185	182.5	20
185	～	190	187.5	20

175㎝以下為 15人

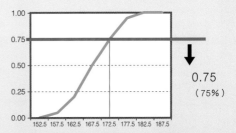

累積相對次數分配表

區間			區間值	累積相對次數
上限		下限		
150	～	155	152.5	0.00
155	～	160	157.5	0.05
160	～	165	162.5	0.20
165	～	170	167.5	0.50
170	～	175	172.5	0.75
175	～	180	177.5	0.95
180	～	185	182.5	1.00
185	～	190	187.5	1.00

175㎝以下為 0.75（75％）

以圖來看，能夠由以下的方法求得。

15人

0.75（75％）

「身高175㎝以下」的區間值在172.5區間的位置，因此可以得知一共有15人。

「身高175㎝以下」的區間值在172.5區間的位置，因此比例為0.75。

例3 在〔例1〕當中，找出位於前50％「身高較矮的人」（也就是20人當中前10人的位置）的身高為多少。

從表格中立刻就能得知身高的區間值為167.5㎝（這組的身高上限為170㎝）。

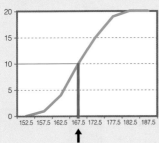

累積次數分配表

區間			區間值	累積次數
上限		下限		
150	～	155	152.5	0
155	～	160	157.5	1
160	～	165	162.5	4
165	～	170	167.5	10
170	～	175	172.5	15
175	～	180	177.5	19
180	～	185	182.5	20
185	～	190	187.5	20

10人以下的 區間值為167.5㎝

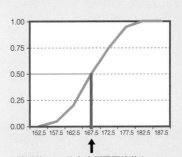

累積相對次數分配表

區間			區間值	累積相對次數
上限		下限		
150	～	155	152.5	0.00
155	～	160	157.5	0.05
160	～	165	162.5	0.20
165	～	170	167.5	0.50
170	～	175	172.5	0.75
175	～	180	177.5	0.95
180	～	185	182.5	1.00
185	～	190	187.5	1.00

50％以下的 區間值為167.5㎝

以圖來看，能夠由以下的方法求得。

較矮的10個人區間值落在167.5㎝的位置。

較矮的50％的人比例區間值落在167.5㎝的位置。

資料的平均數

一提到統計，大部分的人第一個聯想到的就是「平均數」這個名詞吧，由此可見「平均數」在統計學當中的重要性。

● 平均數就是將資料「平等均分的值」

平均數就如字面上的意義，為「平等均分的值」。

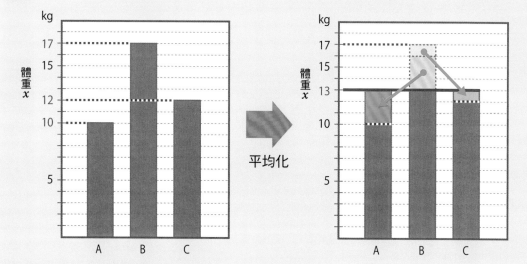

例1 A、B、C3位兒童的體重 x 依序為10、17、12（kg），試求此3人的體重平均數。

平均化

從這張圖來看，3人的體重平均數為13（kg）；可以由下列算式中求得。

$$體重的平均數 \ \overline{x} = \frac{10+12+17}{3} = \underline{13} \ 答$$

● 平均數公式

從上面的例子來看，可以得知當「變數 x」中有N個值 $x_1, x_2, \cdots, x_N$ 時，x 的平均數的公式如下。

個體名	變數 x
1	x_1
2	x_2
⋮	⋮
N	x_N

公式

$$平均數 \ \overline{x} = \frac{x_1+x_2+\cdots+x_N}{N} \cdots \ (1)$$

【註】本書中「變數的平均數」會在變數的上方加上一條橫槓（Bar）來表示。

記住平均數是將資料的總和除以資料數量而計算出來的。

例2 5名學生的英文分數分別為70、50、85、90、65，求這5名學生的平均分數。

$$平均分數 = \frac{70+50+85+90+65}{5} = \underline{72分} \ 答$$

● 平均數為分布的重心

從物理上來看，平均數為資料的「分布重心」。

分布

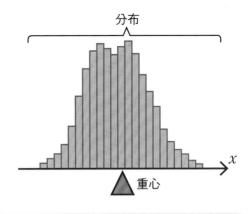

平均數 $\overline{x}$ 可以視為資料的「重心」。

重心

例3 試著利用〔例1〕來確認「平均數為資料分布重心」的意義。

13kg

10kg　12kg　　　　　17kg

重心

讓A、B、C 3位兒童分別依照各自的體重 10、17、12kg排列，如此一來就會在平均數的位置達到平衡。

● 根據次數分配表所計算出來的平均數公式

讓「變數」不以「個別資料」的形式，而是做成右邊的「次數分配表」，此時就能從〔公式（1）〕當中求出〔公式（2）〕了。換言之，當「變數 x」的次數分配表做成右表的形式時，x 的平均數 $\overline{x}$ 如下所示。

區間值	次數
x_1	f_1
x_2	f_2
⋮	⋮
x_n	f_n
總次數	N

公式

$$平均數\ \overline{x} = \frac{x_1 f_1 + x_2 f_2 + \cdots + x_n f_n}{N} \quad \cdots (2)$$

分子為次數分配表中的「總次數」（資料的大小），記法與〔公式（1）〕相同。

例4 已知10名男學生的身高 x（cm）次數分配表如右邊的表格所示，求平均數 $\overline{x}$（cm）。

$$\overline{x} = \frac{150 \times 1 + 160 \times 3 + 170 \times 4 + 180 \times 2}{10}$$

$$= \underline{167} \ 答$$

區間值	次數
150	1
160	3
170	4
180	2
總人數	10

1人　　3人　　4人　　2人

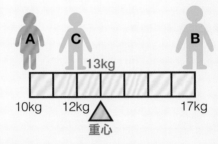

167

150　160　　170　180

10人依照身高的順序排列，在平均數之處達到平衡。

資料的代表值

當要從許多數值組成的資料中找出一個代表的數字時，這個數值就稱為「代表值」；代表值中最有名的當屬「平均數」（→P34）。除此之外，還有幾個重要的代表值，那就是「中位數」及「眾數」；一般而言，這3種代表值通常都不盡相同。

● 中位數

中位數也稱為**中央值**或**median**。當變數值依序排列時，中位數恰好是「位於正中央的值」。當資料數為偶數時，一般會以正中央的2組數字相加再除以2，所得到的值作為「中位數」。

例1 變數 x 中，5 個值 1、2、2、3、5 的中位數為 2。

$$1 , 2 , ②, 3 , 5$$

例2 變數 x 中，4 個值 1、2、3、5 的中位數是正中央的 2 個數值（2 和 3）相加再除以 2 的值，為 2.5。

$$1 , ②, ③, 5$$

除以 2

● 眾數

眾數也稱為**mode**，是用來表示「次數最多的數值」；尤其當資料為「質的資料」（→P18）時，只能以這個代表值來表示。

次數（頻率）最多

例3 變數 x 中，7 個值 1、2、2、3、3、3、4 的眾數為 3。

$$1, 2, 2, ③, ③, ③, 4$$

● 中位數的優點

平均數會受到「異常值」（也叫做**偏離值**）很大的影響；相反地中位數卻有著不會受到影響的特點（稱為**穩健性**）。請利用右圖來確認當中的含義。

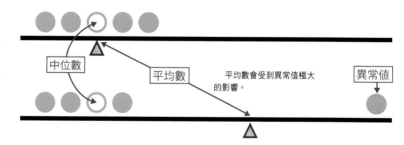

中位數

平均數

平均數會受到異常值極大的影響。

異常值

● 眾數的優點

眾數與中位數一樣都擁有不會受到異常值影響的優點。此外，當資料如右圖般分布時，眾數就是最適合作為這些資料的「代表值」。

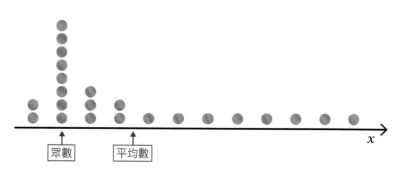

眾數　　平均數

x

以實例來觀察

例4 根據右方的得分，求出這些數值的平均數、中位數、眾數。

得分	人數
1	2
2	1
3	2
4	5
5	3
6	4
7	3
8	1
計	21

平均數 … $\dfrac{1\times2+2\times1+\cdots+7\times3+8\times1}{21}=\dfrac{98}{21}=\dfrac{14}{3}$ (=約4.67) 答

中位數 … 從21人當中找出中間第11人的得分為5分 答

眾數 … 為擁有5人的4分 答

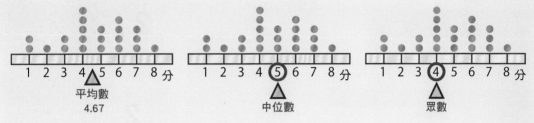

平均數
4.67

中位數

眾數

例5 下圖為日本所得金額區間的比例分布。

平均所得金額為549萬6,000元、中位數為438萬元、眾數位於200萬～300萬元的區間。

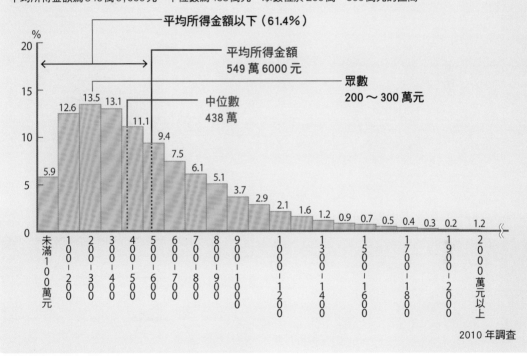

2010年調查

平均數作為資料代表值的條件

　　由上面的例子來看，通常3個代表值都會得到「不同的數值」。無論資料如何分布，中位數及眾數都能作為資料的「代表性數值」；可是若為包含異常值且左右非對稱的分布資料時，平均數便無法作為資料的代表性數值了。

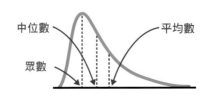

左右非對稱的資料

平均數非常容易受到異常值的影響哦。

變異數和標準差

在敘述資料時，調查資料中「分布的程度為何」也十分重要。因為說明資料的分布，也是統計學的一大目標。

● 偏差與變異數

一開始先從**偏差**開始觀察吧。偏差是指「資料」減去「平均數」的數值，用來表示當中每筆資料偏離平均數多少。

將這些偏差值平方後加總，這個值就叫做**偏差平方和**；偏差平方和除以「資料數量」所得到的值就稱為**變異數**。

公式

偏差＝資料數－平均數
偏差平方和＝偏差1^2＋偏差2^2＋…
變異數＝偏差平方和÷資料數量

例1 觀察一下7位學生的得分表分布吧。

得分表

姓名	得分 x	偏差 $x-\overline{x}$	偏差平方 $(x-\overline{x})^2$
A	9	2	4
B	4	-3	9
C	10	3	9
D	5	-2	4
E	8	1	1
F	7	0	0
G	6	-1	1

→ 加總得28
為偏差平方和

得分(x)的平均數($\overline{x}$)為7分

偏差值為
得分－平均數
　(x)　$(\overline{x})$

偏差平方和 ÷ 資料數量 ＝ 變異數
　　28　　　　7　　　　　4

偏差平方和為28、變異數為4 答

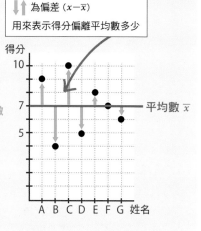

↕ 為偏差 $(x-\overline{x})$
用來表示得分偏離平均數多少

得分
平均數 $\overline{x}$
A B C D E F G 姓名

● 變異數為呈現分布大小的指標

平均數為「資料總和除以資料數量的值」，而變異數是「偏差平方的平均值」。偏差越大的資料（偏離平均數越遠），變異數就會越大。

這裡要注意一點，就是變異數的意義並非是絕對的。舉例來說，當觀察身高資料的變異數時，即使使用相同的資料，但是cm和m的單位卻有著1萬倍的差異；因此光看變異數的值，並無法判斷出分布的程度大小為何。

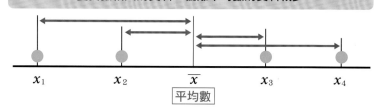

變異數較大的資料：偏離平均數的資料較多

x_1　　x_2　　$\overline{x}$　　x_3　　x_4
平均數

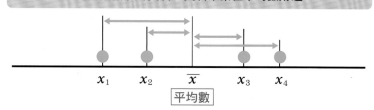

變異數較小的資料：資料聚集在平均數附近

x_1　x_2　$\overline{x}$　x_3　x_4
平均數

● 偏差平方和與變異數的公式

既然已經了解左頁的例子，那麼就以公式來做個總結吧。

公式

變數 x 如右邊的個別資料所示。將第 i 個值記為 x_i，平均數記為 $\overline{x}$。x_i 的偏差、**偏差平方和** Q，以及**變異數** s^2 如下所示；N 為資料筆數。

個體名	變數
1	x_1
2	x_2
⋮	⋮
N	x_N

$$x_i\text{的偏差} = x_i - \overline{x}$$

$$\text{偏差平方和} Q = (x_1 - \overline{x})^2 + (x_2 - \overline{x})^2 + \cdots + (x_N - \overline{x})^2$$

$$\text{變異數 } s^2 = \frac{Q}{N} = \frac{1}{N}\left\{(x_1 - \overline{x})^2 + (x_2 - \overline{x})^2 + \cdots + (x_N - \overline{x})^2\right\} \cdots (1)$$

● 已知次數分配表時的變異數公式

我們可以從已知個別資料的變異數公式當中，導出已知次數分配表時的變異數公式。

公式

將資料的平均數記為 $\overline{x}$，偏差平方和與變異數如下。

區間值	次數
x_1	f_1
x_2	f_2
⋮	⋮
x_n	f_n
總次數	N

$$\text{偏差平方和} Q = (x_1 - \overline{x})^2 f_1 + (x_2 - \overline{x})^2 f_2 + \cdots + (x_n - \overline{x})^2 f_n$$

$$\text{變異數 } s^2 = \frac{1}{N}\left\{(x_1 - \overline{x})^2 f_1 + (x_2 - \overline{x})^2 f_2 + \cdots + (x_n - \overline{x})^2 f_n\right\} \cdots (2)$$

● 標準差

變異數 s^2 的「算術平方根」稱為**標準差**；如此一來，就能「與原始資料採取相同單位」。例如，以 cm 來表示的身高變異數會變成面積單位 cm²，不過平方根會使得單位變回原本的 cm。

此外，當資料的直方圖及次數分配折線圖呈現山的形狀時，標準差的寬度大約會落在半山腰的位置上。

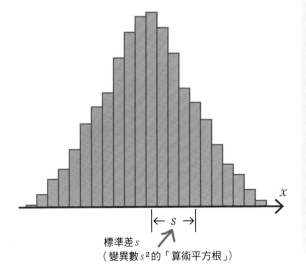

標準差 s
（變異數 s^2 的「算術平方根」）

例2 利用〔例1〕的得分表求出標準差。

由於在〔例1〕中計算出變異數為 4，因此標準差為 $\sqrt{4} = 2$；已知資料大致的「分布」如下所示。

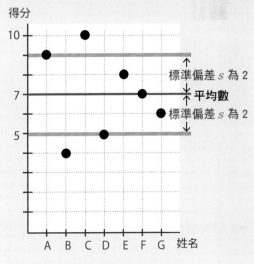

離散度

前一節已經介紹過「變異數」及「標準差」這2個顯示資料分布程度的值，本節會說明其他代表「離散度」的值。

● 最小值、最大值、全距的意義

所謂的**最大值、最小值**，就如同字面上的意思，是指資料變數值當中「最大」和「最小」的值，而**全距**（Range）是指變數的「變化幅度」；換言之，全距就是最大值和最小值之間的「差」，以公式來表示的話，就如同右圖所示。

> **公式**
>
> 變數 x 的值為 $x_1, x_2, x_2, \cdots, x_n$，當最大值為 x_{max}，最小值為 x_{min} 時，全距 R 的表示方式如下。
>
> $$R = x_{max} - x_{min}$$
>
> 全距　　　　　最大值　　　　　最小值

實際來看，最大值、最小值、全距這些用來清楚表示「資料分布」的值十分重要。舉例來說，假設在工廠內進行產品的抽樣調查，結果發現全距變大了，此時便能推測出「工廠的生產過程是否在哪裡出現異常」。

例1 從5個人的體重資料（右表）中，求出最大值 x_{max}、最小值 x_{min}、全距 R。

從資料上來看，最大值 x_{max} 為57、最小值 x_{min} 為43；因此，全距 R 可以由右方的算式計算出來。

R = **57kg** − **43kg** = **14kg** 答

最大值　　　最小值　　　全距

編號	體重 x
1	51
2	49
3	50
4	**57**
5	**43**

例2 根據右方的得分表，求出最大值 x_{max}、最小值 x_{min}、全距 R。

從表格中得到最大值 x_{max} 為8、最小值 x_{min} 為1，全距 R 由以下的算式求得。

$$R = 8 - 1 = \underline{7} \text{ 答}$$

得分	人數
1	2
2	1
3	2
4	5
5	3
6	4
7	3
8	1
計	21

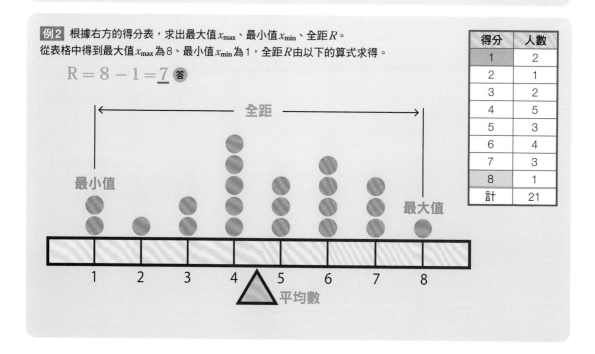

● 四分位數的意義

將資料由小而大排列，從下方開始算起 $\frac{1}{4}$ 處的資料為**第1四分位**，

$\frac{2}{4}$ 處的資料為**第2四分位**，

$\frac{3}{4}$ 處的資料為**第3四分位**。

圖中四分位數的位置稱為**四分位點**。此外，**第2四分位數**與「**中位數相同**」，也稱為**中央值**。

四分位差及四分位距的定義，請參考右圖所示。

當資料有12個「觀測值」時

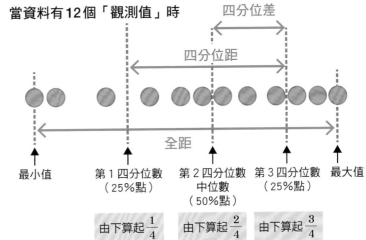

| 最小值 | 第1四分位數（25%點） | 第2四分位數 中位數（50%點） | 第3四分位數（25%點） | 最大值 |

| | 由下算起 $\frac{1}{4}$ | 由下算起 $\frac{2}{4}$ | 由下算起 $\frac{3}{4}$ | |

● 箱形圖與四分位數

當要將「分散」的資料以「每一區塊作比較」時，**箱形圖**就是一個十分方便的工具（→P29），不僅能同時畫出最大值、最小值、四分位數，而且也能充分地呈現出資料分布的程度。

將上圖繪製成箱形圖的話，就是這種形狀。

箱形圖

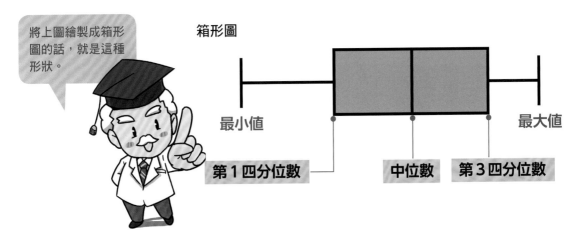

最小值　　　第1四分位數　　中位數　第3四分位數　　最大值

大多數在已知箱形圖的情況下，都能夠想像出原本的直方圖，因此在下方的箱形圖下方分別畫出各自的直方圖。另外要注意，箱形圖也能像這裡一樣繪製成直向的。

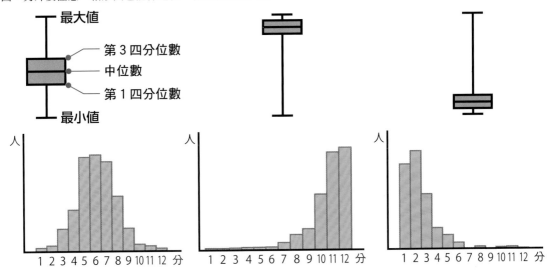

最大值
第3四分位數
中位數
第1四分位數
最小值

人　　　　　　　　　　人　　　　　　　　　　人

1 2 3 4 5 6 7 8 9 10 11 12 分　　1 2 3 4 5 6 7 8 9 10 11 12 分　　1 2 3 4 5 6 7 8 9 10 11 12 分

標準化與標準化值

由於「平均數」、「變異數」、「標準差」會因單位的不同而造成數值變化，因此有時也會讓分析的結果有著截然不同的差異；「標準化」就是用來避免這種情況的一種方法。

● 何謂變數的標準化

將「原始的變數x」轉換為「新的變數z」就稱為**變數的標準化**；做法請參考右邊的公式。

公式

「變數x的平均數」為$\bar{x}$，「標準差」為s（s^2為變異數），此時由下列公式進行變數x轉換為z的做法就稱為**標準化**。

$$變數的標準化\ z = \frac{x - \bar{x}}{s} \quad \cdots (1)$$

重新獲得的變數z，其平均數為0、標準差為1。

讓平均數為0、標準值為1，使得轉換的結果變得容易理解多了。

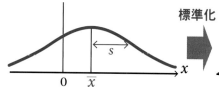
標準化
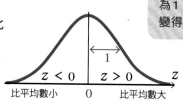

$z < 0$　$z > 0$
比平均數小　0　比平均數大

例1 試著將右邊「變數x」的表格，轉換為「標準化」表格。

左邊表格的「平均數$\bar{x}$」為60、「標準差s」為4.47，將它們代入「公式（1）」當中，以獲得標準化後的「變數z」。這裡要注意的是，新變數z的平均數為0、標準差為1。

編號	x
1	61
2	59
3	60
4	67
5	53

平均數	60
標準差	4.47

標準化

編號	z
1	0.22
2	−0.22
3	0.00
4	1.57
5	−1.57

平均數	0
標準差	1.00

● 標準化值的定義

在下列公式中所定義的新變數z，稱為原始變數的**標準化值**。

公式

變數x的平均值為$\bar{x}$、標準差為s（s^2為變異數）。此時由下列公式所計算出來變數z的值就稱為**標準化值**。

$$標準化值\ z = 50 + 10 \times \frac{x - \bar{x}}{s} \quad \cdots (2)$$

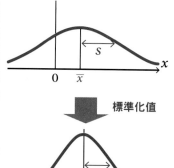

標準化值

$z < 50$　$z > 50$
比平均數小　50分　比平均數大

從〔公式（2）〕當中得到下列的性質成立（標準化值一般只有日本的教育單位會使用，因此下面以「分數」作為變數的單位）。

重點1 z的平均分數為50分、 標準差為10分。

重點2 如果z的分數大於50分， 就表示原始分數x大於平均分數 ；如果比50分還小， 則原始分數x就比平均分數更小。

重點3 因為標準差為10， 所以當分數的標準化值z在60分以上的話， 就表示原始分數x比平均分數更為出色。 此外， 當標準化值z在40分以下時， 則表示原始分數x低於平均分數， 代表這樣的分數相當糟糕。

例2 右方的表格為某5名國中學生的英語考試成績，試著將每個學生的分數 x 轉換為標準化值 z 吧。

編號	1	2	3	4	5
分數	61	59	60	67	53

首先計算出平均數、變異數 s^2、標準差 s。

$$\overline{x} = \frac{61+59+60+67+53}{5} = 60 \cdots\cdots \boxed{平均數}$$

$$s^2 = \frac{(61-60)^2 - (59-60)^2 + (60-60)^2 + (67-60)^2 + (53-60)^2}{5} = 20 \cdots\cdots \boxed{變異數}$$

$$s = \sqrt{s^2} = \sqrt{20} = 約 4.47 \cdots\cdots \boxed{標準差}$$

將這些值代入〔公式（2）〕以求出「標準化值 z」。譬如編號1的學生，其英語成績的標準化值 z 的計算方式如下。

$$z = 50 + 10 \times \frac{x - \overline{x}}{s} = 50 + 10 \times \frac{61-60}{4.47} = 52.2$$

其他學生的分數也採取相同的計算方式，於是我們得到右方標準化值的表格。 **答**

編號	分數 x	標準化值 z
1	61	52.2
2	59	47.8
3	60	50.0
4	67	65.7
5	53	34.3

● 標準化值與順序的基準

讓我們觀察一下標準化值與落在這些分數中的人數比例吧。假設實際的資料分布如同下圖呈現山的形狀，即為接近**常態分配**的狀態（➡P66）。

例3 標準化值70的人落在 $100-95.4=4.6\%$ 的一半，也就是上方 2.3% 的位置。例如在1000人的考試當中，1000人的 2.3% 就是指23號的位置；只不過這只適用於考試成績的分布近似「常態分配」時。

$40 \leq$ 標準化值 ≤ 60：有 68.3% 以上的人，分數落在這個區間內。

$30 \leq$ 標準化值 ≤ 70：有 95.4% 以上的人，分數落在這個區間內。

$20 \leq$ 標準化值 ≤ 80：有 99.7% 以上的人，分數落在這個區間內。

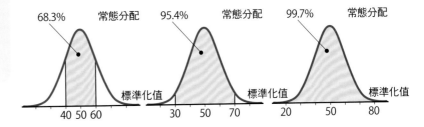

● 超過100分及負數的標準化值

標準化值一般都會用於假設資料如上圖一樣為「常態分配」時，一旦資料為次數分配而出現數個山峰、或是出現特殊的資料時，就會出現這種不合理的值。

例4 右方的表格為數學成績的次數分配表，試求各分數的標準化值。

根據「公式（2）」來計算，便能求出標準化值。這裡要注意的是標準化值出現了負值。

數學的標準化值

數學分數	人數	標準化值
5	29	51.9
4	0	37.9
3	0	24.0
2	0	10.1
1	1	-3.9
0	0	-17.8

平均數	4.87
標準差	0.72

標準化值的歷史

日本最初出現標準化值想法並加以應用的，並非在教育的領域，而是舊陸軍上。據說過去在大砲的射擊訓練中，會利用標準化值來計算砲兵的成績，之後不知從何時開始才逐漸應用於教育上。只是在無法假設分數為常態分配的教育環境裡，標準化值的效果仍令人存疑。

交叉分析表

只要獲得相關的2種調查項目的資料（2變數的資料），那麼最好在一開始就製作成「交叉分析表」，如此便能充分地了解2個變數之間的關係。

● 何謂交叉分析表

交叉分析表是指將同時進行調查的2種項目，彙整為表示數量的表格，它也稱為**交叉表**。

例1 針對20個人進行下列內容的問卷調查。

問題1 是什麼血型？

問題2 請選出1個最符合自己性格的選項。

（1）開朗樂觀 （2）內向 （3）一絲不苟

調查結果如下，請按照這個結果製作成交叉分析表。

調查結果

No	血型	性格
1	B	2
2	A	1
3	O	1
4	O	1
5	AB	2
6	B	1
7	O	3
8	B	3
9	AB	1
10	A	3
11	A	2
12	O	1
13	B	1
14	O	1
15	O	3
16	O	3
17	O	1
18	A	1
19	B	1
20	B	1

交叉分析表

血型 \ 性格	1	2	3
A	2	1	1
AB	1	1	0
B	4	1	1
O	5	0	3

性格 → 問題2

資料數

血型 ↑ 問題1

將2個變數之間的關係清楚呈現出來的表格就是交叉分析表。

● 連續變數的交叉分析表

在〔例1〕當中，我們已經檢視過使用不連續資料（質的資料或離散資料）所製成的交叉分析表。如果當資料使用類似「身高體重」這類「連續變數」時，又該如何處理呢？此時就要利用次數分配表（➡P28）的「區間」；只要以適當的間隔區分數值，接著計算落入區間的資料數量即可。

當檢視連續的資料時就使用區間吧。

例2 下面為A大學內10名女學生的身高（cm）和體重（kg）資料。試將身高、體重分為間隔為10的區間，製作出交叉分析表。

編號	身高	體重
1	147.9	41.7
2	163.5	60.2
3	159.8	47.0
4	155.1	53.2
5	163.3	48.3
6	158.7	55.2
7	172.0	58.5
8	161.2	49.0
9	153.9	46.7
10	161.6	52.5

交叉分析表

身高 \ 體重（以上～未滿）	40～	50～	60～
140～	1	0	0
150～	2	2	0
160～	2	1	1
170～	0	1	0

以適當的間隔區分數值

● 將交叉分析表圖形化的散布圖

接著觀察一下以圖形表示資料的方式、也就是「散布圖」（又稱相關圖➡P26）；我們也能將此視為交叉分析表圖形化的結果。它們的關係就像是次數分配表所製成的直方圖及次數分配折線圖一樣。

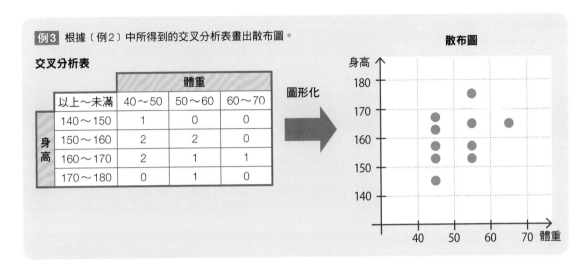

例3 根據〔例2〕中所得到的交叉分析表畫出散布圖。

交叉分析表

以上～未滿	體重		
	40～50	50～60	60～70
140～150	1	0	0
150～160	2	2	0
160～170	2	1	1
170～180	0	1	0

（身高）

圖形化 ➡

散布圖

● 表側與表頭

在交叉分析表中常用的名詞有「表側」和「表頭」，它們代表著實際資料的標題部分。

要牢記在心哦。

例4 將〔例2〕中交叉分析表的「表側」、「表頭」標示出來吧。

表頭

以上～未滿	體重		
	40～50	50～60	60～70
140～150	1	0	0
150～160	2	2	0
160～170	2	1	1
170～180	0	1	0

（身高）

表側

表體

交叉分析表的製作方式

儘管較少的資料能夠以人工製成交叉分析表，但是大量的資料在處理上就十分困難了。這時可以利用電腦中的「統計分析軟體」來協助我們完成，例如使用Excel等軟體，便能輕鬆地製作出交叉分析表。

選擇整個表格

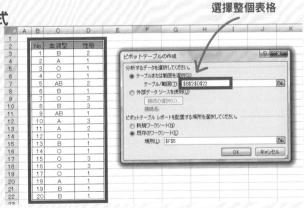

用來表示資料相關性的數值

在觀察2個項目（變數）之間的關係時，必須了解最基本的「相關係數」。

復習 散布圖（相關圖）的複習

之前已經介紹過（➡P26），想要了解2種調查項目（2個變數）之間的關係，使用散布圖（相關圖）十分方便。

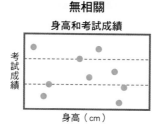

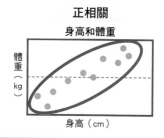

● 共變異數

另外還有將上述3種關係數值化的方法，其中之一就是**共變異數**。

一般而言，當資料如同右方有2種變數時，共變異數的定義如下列公式所示。

個體名	變數 x	變數 y
1	x_1	y_1
2	x_2	x_2
⋮	⋮	⋮
n	x_n	y_n
平均數	$\overline{x}$	$\overline{y}$

共變異數是將關係數值化的值哦。

公式

$$共變異數 \ S_{xy} = \frac{(x_1-\overline{x})(y_1-\overline{y})+(x_2-\overline{x})(y_2-\overline{y})+\cdots+(x_n-\overline{x})(y_n-\overline{y})}{n} \quad \cdots (1)$$

共變異數和散布圖的關係如右所示。

試著以實際的資料計算出共變異數吧。

$S_{xy} < 0$　　　　　$S_{xy} \fallingdotseq 0$　　　　　$S_{xy} > 0$

負相關　　　　　　無相關　　　　　　正相關

例1 根據上一節〔例2〕中「女大學生的身高與體重」的資料，求出共變異數。

在上面〔公式（1）〕中，已知身高、體重的平均數分別為159.7、51.2，因此：

$$S_{xy} = \frac{1}{10}\{(147.9 - \underline{159.7})(41.7 - \underline{51.2})+(163.5 - \underline{159.7})(60.2 - \underline{51.2})$$

$$+\cdots+(161.6 - \underline{159.7})(52.5 - \underline{51.2})\} = \boxed{23.7} \ \text{答}$$

共變異數的值呈現正值，可以得知之間的關係為正相關；這個數值顯示出身高越高、體重越重的正向關係。

編號	身高	體重
1	147.9	41.7
2	163.5	60.2
3	159.8	47.0
4	155.1	53.2
5	163.3	48.3
6	158.7	55.2
7	172.0	58.5
8	161.2	49.0
9	153.9	46.7
10	161.6	52.5
平均數	159.7	51.2

● 相關係數的定義

相關的強度能夠計算出來。

光憑共變異數的值，並無法得知「相關性的強弱」。舉例來說，當面對相同的身高體重資料時，若將單位由cm（公分）改為m（公尺），那麼數值就會變成1/100；因此人們希望能有一種「只看數值便能得知相關強度的指標」，而**相關係數**就是其中之一。當想要與其他相關係數作區分時，有時也會以提出者的名字來命名，稱為**皮爾森積矩相關係數**。

公式

$$相關係數\ r_{xy} = \frac{s_{xy}}{s_x s_y}\ (s_{xy}為共變異數，s_x為x、s_y為y的標準差)\cdots(2)$$

相關係數為範圍介於-1和1之間的數值。越接近1則「正相關」越強，越接近-1則「負相關」越強。

高度 ←————————→ 低度		無	低度 ←————————→ 高度	
高度負相關	**低度負相關**	**無相關**	**低度正相關**	**高度正相關**
相關係數接近-1	相關係數在-0.5附近	相關係數接近0	相關係數在0.5附近	相關係數接近1

例2 根據〔例1〕中「女大學生的身高與體重」的資料，求出相關係數。

從〔例1〕的計算中，得到身高x和體重y的共變異數為s_{xy}

$$s_{xy} = 23.7$$

另外，身高x與體重y的標準差s_x、s_y經過計算（➡P38）可以得到

$$s_x = 6.16 、 s_y = 5.45$$

將它們代入「公式（2）」當中，得到相關係數r_{xy}如下。

$$r_{xy} = \frac{23.7}{6.16 \times 5.45} = 0.706 \text{ 答}$$

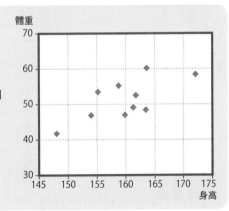

斯皮爾曼等級相關係數

當提到「相關係數」時，一般都是指「皮爾森積矩相關係數」，除此之外最有名的還有**斯皮爾曼等級相關係數**；它是在問卷調查時用來分析順序尺度（➡P18）的重要相關係數。

個體編號	變數 x	變數 y
1	x_1	y_1
2	x_2	y_2
3	x_3	y_3
⋮	⋮	⋮
n	x_n	y_n

公式

關於以順序來表示的變數x、y，從1到n分別在右表的各欄中填入每個個體的順序資料。此時**斯皮爾曼等級相關係數**ρ的定義如下。

斯皮爾曼等級相關係數

$$\rho = 1 - \frac{6\{(x_1-y_1)^2 + (x_2-y_2)^2 + (x_3-y_3)^2 + \cdots + (x_n-y_n)^2\}}{n(n^2-1)}\ \cdots(3)$$

統計學人物傳 2　卡爾·皮爾森

　　卡爾·皮爾森（1857～1936）為英國的統計學家。他提出不少有關資料分布及相關係數的統計方法，為「敘述統計學」的領域帶來極大的貢獻。

　　皮爾森生於倫敦，並於劍橋大學攻讀數學。他的興趣不只在於數學，在德國留學期間也曾學習文學及法律。他以應用數學及力學教授、幾何學講師等身分活躍於倫敦大學，想必也是因為有這些經歷的緣故吧。

　　皮爾森在大學任教時，是以一般學生為對象而講授38堂課程，並針對自然科學的基礎加以解說，其內容而後集結出版為《科學的文法》（The Grammer of Science）一書。書中具體地說明基於資料探索科學，可說為後世帶來不少的影響。

　　在1892年，為了從數學的角度分析發生在生物上的突變現象，因此與生物學家的同事一起針對生物的遺傳及進化問題，以統計學的角度進行共同研究。在研究的過程中，皮爾森提出了目前仍受到廣泛使用的「相關係數」（積矩相關係數）。

卡爾·皮爾森
（1857～1936）

　　他所提出的積矩相關係數（簡稱相關係數），幾乎所有統計學的教科書都有收錄。

公式

皮爾森積矩相關係數 $r_{xy} =$

$$\frac{(x_1-\overline{x})(y_1-\overline{y})+(x_2-\overline{x})(y_2-\overline{y})+\cdots+(x_n-\overline{x})(y_n-\overline{y})}{\sqrt{(x_1-\overline{x})^2+(x_2-\overline{x})^2+\cdots+(x_n-\overline{x})^2}\sqrt{(y_1-\overline{y})^2+(y_2-\overline{y})^2+\cdots+(y_n-\overline{y})^2}}$$

　　此外，現在常用的卡方適配度檢定，據說也是在這個研究過程中發展出來的，就連流傳至今的直方圖及「標準差」，也是他的功績。

　　這裡也要提及卡爾·皮爾森的兒子**伊根·皮爾森**（1895～1980）。伊根·皮爾森與「奈曼（Jerzy Neyman）」（1894～1981）所共同發表的「假設檢定」及「信賴區間」理論，皆為現代統計學中的重要論點。

個體名	x	y
1	x_1	y_1
2	x_2	y_2
⋮	⋮	⋮
n	x_n	y_n
平均數	$\overline{x}$	$\overline{y}$

　　他們2人所發表的假設檢定及信賴區間的內容會在第4章和第5章詳細說明。當要確定檢定的形式時，必須提出「虛無假設」和「對立假設」這2種假設，而為了檢驗這個假設是否成立，因此會根據樣本資料計算出一種稱為「檢定統計量」的指標，當這個數值落在事先決定的「拒絕域」時，就表示「虛無假設」遭到否定（稱為拒絕）。

　　他們所提出的假設檢定方法，與貝氏統計學對立。因此有人會將接受2人論點的學者稱為「頻率學派」，而同意貝氏統計的學者則稱為「貝氏學派」。

伊根·皮爾森
（1895～1980）

　　卡爾·皮爾森的兒子，同時也是現代推論檢定的創始者之一。

奈曼
（1894～1981）

　　伊根·皮爾森的共同研究者。他也提出了現代常用的抽樣調查方法。

3 統計學必備的機率知識

機率在統計學中受到重視的原因

以數學的角度分析統計學就會用到機率的概念（➡P52），讓我們檢視一下背後的原因吧。

● 全面調查與樣本調查

在進行統計分析時，必須決定出調查對象，並收集相關資料。調查的方法共有**全面調查**和**樣本調查**2種。

全面調查（普遍調查）	樣本調查（抽樣調查）
調查「所有」的對象	從對象中「抽出一部分」進行調查

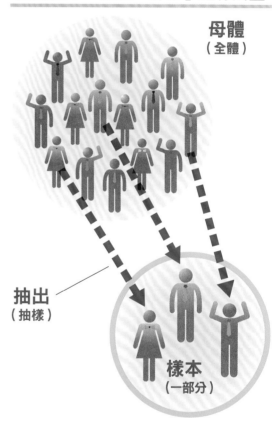

調查的方式有這2種。

母體（全體）

抽出（抽樣）

樣本（一部分）

全面調查也稱為**普遍調查**，為調查「所有」對象的方法。全面調查能夠完美獲得正確無誤的結果，但是相反地，也有耗費龐大費用及人力的缺點。

> 例 國勢調查

樣本調查也稱為**抽樣調查**，是調查一小部分，再根據結果來估計整體的一種方法。這裡所謂的「一小部分」稱為**樣本**，而「整體」則稱為**母體**。雖然與全面調查相比，這種方式能省下不少人力及費用，但卻會因選擇樣本的手段不同而產生**誤差（樣本誤差）**，因此選擇樣本時必須盡可能地不讓樣本出現誤差才行。

> 例 家計調查、內閣支持率調查

> **例1** 在調查某高中學生的平均身高時，若以「全校學生」為對象進行調查，就是「全面調查」；如果是調查「一部分學生」再估計全校學生的話，則為「樣本調查」。

樣本的選擇方式

「樣本調查」是從「全體」（母體）中取出（此稱為抽出）「樣本」，再「估計出母體」；抽出時最重要的，就是要讓樣本完全隨機（也就是亂數）抽出。若在抽出的階段加入「人為」或「故意」行為的話，便無法進行統計分析了。我們將這種隨機的抽出行為稱為隨機抽樣。

隨機抽樣

隨機（亂數）抽出

母體　　　　隨機抽樣　　　　樣本

樣本誤差

從母體中隨機抽出多個樣本時，就會產生麻煩的問題，也就是母體的性質會隨著樣本的不同而改變。這個性質稱為**樣本誤差**，而**機率論**就是用來克服這裡出現的樣本誤差。

例2 為了調查出日本成年人的吸煙率，因此隨機抽出100名成年人；在每抽出100人作為樣本時，吸煙率都會隨之出現差異。

如果不是在極為偶然的機會下，「不同的樣本」是不可能出現「相同的值」哦。

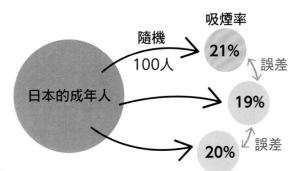

日本的成年人　→　隨機 100人　→　吸煙率 **21%** ↕誤差 **19%** ↕誤差 **20%**

隨機挑選時就能利用「機率論」

儘管在進行樣本調查時會產生「樣本誤差」，但究竟該如何才能夠從樣本估計出母體「真正的性質」呢？之前曾經說過，此時會利用到「機率論」。當抽樣時採取「完全隨機」的方式時，就能將科學的機率論應用於「隨機」的領域當中。

有關具體的實例，會在後面的章節（➡第4章）說明。

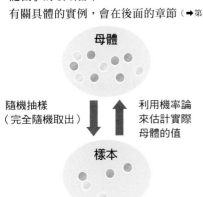

母體

隨機抽樣
（完全隨機取出）

利用機率論來估計實際母體的值

樣本

機率論

偶然的科學

機率的意義

統計學上的分析，背後的論點全賴機率支撐，就讓我們來了解一下機率的相關內容吧。

● 試驗和事件

這裡以擲出骰子觀察點數的實驗，來思考機率的現象吧。在這個實驗中，必須先擲出骰子；在機率論當中，我們將這個操作稱為**試驗**。

從試驗獲得的結果中，我們將符合條件的結果之集合稱為**事件**。例如，在「擲出一個骰子的實驗」當中，「出現點數為奇數的事件」就是指試驗結果為「點數1、3、5的集合」。

試驗中所得到「所有結果的集合」稱為**全部事件**，通常是以U來表示。

擲骰子＝ 試驗

結果中符合條件的集合＝ 事件

所有結果的集合＝ 全部事件

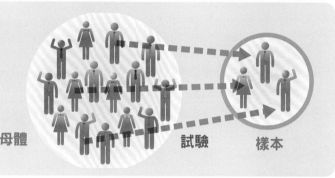

例1 從「所有調查對象」當中「抽出樣本」的行為就是「試驗」。

母體 　　試驗　　樣本

● 機率的定義

機率通常是以下列公式來定義，它也稱為**數學機率**。

公式

$$機率（數學機率）p = \frac{作為條件的事件發生次數}{所有可能發生的現象次數} \quad \cdots \quad (1)$$

若將〔公式（1）〕以圖來表示的話就如右圖所示，每個點皆為「可能發生的現象」（此稱為**要素**），粗線部分則為可能發生的「所有結果U」，圓內為「條件的結果」（也就是事件A）。此時將圓內（事件A）所有的點數除以所有在粗線內U的點數，就能得到〔公式（1）〕的值，於是〔公式（1）〕的表示方式如下。

$$p = \frac{事件A所包含的要素個數}{全部事件U所包含的要素個數}$$

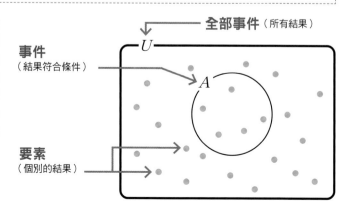

全部事件（所有結果）

事件（結果符合條件）

U

A

要素（個別的結果）

例2 投擲一顆所有點數出現機會均等的公正骰子，試求「出現偶數」事件A的機率。

「所有可能發生現象的數量」共有「1」、「2」、「3」、「4」、「5」、「6」共6個，而「作為條件的事件發生數量」（偶數）共有「2」、「4」、「6」3個，因此出現「偶數」事件A的發生機率為：

$$p = \frac{3}{6} = \frac{1}{2}$$ **答**

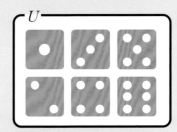

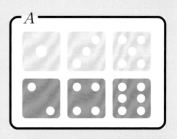

● 必須要「機率均等」

在利用〔公式（1）〕的「機率定義」時，最重要的就是所有可能發生的現象均為**相同機率**。換言之，每個要素的「事件」（稱為**基本事件**）發生機會相等。舉例來說，當投擲一顆骰子時，假使「1」的點數比較容易出現的話，便無法利用〔公式（1）〕了，因此必須具備每個點數出現機會均等的性質才行，這個性質稱為**機率均等**。

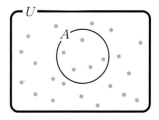

每個點發生的機會相同就叫做機率均等。

● 統計機率和大數法則

在機率的現象中，想要確認「機率是否均等」，實際上非常困難。〔公式（1）〕說到底也不過只是數學上基於理想狀況下而定義出來的機率（在這樣的意義下，我們將〔公式（1）〕的機率稱為**數學機率**）。

舉例來說，試著調查一枚硬幣正反兩面出現的「機率是否均等」吧，此時會使用「**大數法則**」來驗證，後面會加以說明這項法則（→P73）。倘若大量重複進行擲硬幣的試驗，只要正反面出現的機會相等的話，就代表正反面出現的比例相同（也就是各0.5的機率）。

實際重複數次試驗而獲得的比例稱為**統計機率**，而大數法則能夠保證「只要不斷地重複試驗，統計機率便近似於數學機率」。

出現正面的比例

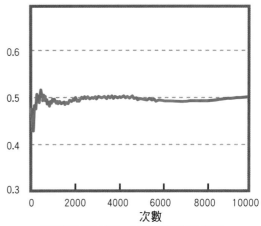

只要重複進行數次試驗，統計機率便近似於數學機率。

● 加法定理

讓我們觀察一下機率中最基本的定理吧，那就是**加法定理**。

 定理 　當事件A、B不具備共通的要素時，A、B任一方出現的機率，就為「發生A的機率p_A」與「發生B的機率p_B」的和，也就是$p_A + p_B$。

【註】當事件A、B不具備共通的要素時，A和B之間稱為**互斥**。

例3 從沒有鬼牌的一組撲克牌中抽出一張卡片，假設事件A代表卡片為紅心、事件B代表卡片為黑桃，此時事件A的發生機率$p_A = \frac{13}{52}$、事件B的發生機率$p_B = \frac{13}{52}$

由於A和B互斥，因此抽出的卡片「不是紅心就是黑桃」的機率為：

「不是紅心就是黑桃」的機率 $= p_A + p_B = \frac{13}{52} + \frac{13}{52} = \frac{26}{52} = \frac{1}{2}$ **答**

發生次數

想要求出機率，就必須計算出「發生的次數」（➡P52）；在這裡介紹幾個有名的計算方法。

● 列舉的原則與樹狀圖

發生次數是指「當……發生時，一共有幾種情況」，列舉發生次數時，最重要的是要謹記「沒有遺漏及重複」的原則；為了遵守這個原則，可以使用**樹狀圖**來協助我們整理。

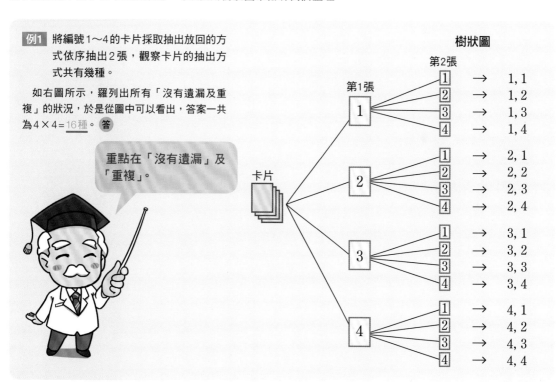

例1 將編號1～4的卡片採取抽出放回的方式依序抽出2張，觀察卡片的抽出方式共有幾種。

如右圖所示，羅列出所有「沒有遺漏及重複」的狀況，於是從圖中可以看出，答案一共為4×4＝16種。 答

重點在「沒有遺漏」及「重複」。

● 字典式排序

另外，還有一種沒有遺漏及重複的列舉方法，稱為**字典式排序**。

例2 將4張寫上編號1、2、3、4的卡片排成1列，一共有幾種排列方式呢？
如下圖一般以「字典式排序」處理，羅列出所有的狀況，且沒有遺漏與重複。
從這張圖得知，答案為24種。 答

(1) 1 2 3 4	(7) 2 1 3 4	(13) 3 1 2 4	(19) 4 1 2 3
(2) 1 2 4 3	(8) 2 1 4 3	(14) 3 1 4 2	(20) 4 1 3 2
(3) 1 3 2 4	(9) 2 3 1 4	(15) 3 2 1 4	(21) 4 2 1 3
(4) 1 3 4 2	(10) 2 3 4 1	(16) 3 2 4 1	(22) 4 2 3 1
(5) 1 4 2 3	(11) 2 4 1 3	(17) 3 4 1 2	(23) 4 3 1 2
(6) 1 4 3 2	(12) 2 4 3 1	(18) 3 4 2 1	(24) 4 3 2 1

● 加法法則與乘法法則

一旦發生次數增加，採用樹狀圖及字典式排序的方法就顯得不切實際了，因此這裡要利用公式來計算。公式的種類繁多，基本上是以**加法法則**與**乘法法則**2種為主。

公式

加法法則

有 A、B 兩種事件，假設它們不會同時發生。倘使「A 發生的方式有 p 種」、「B 發生的方式有 q 種」，那麼 A 或 B 任一事件出現的情況共有 $p+q$ 種。

加法法則

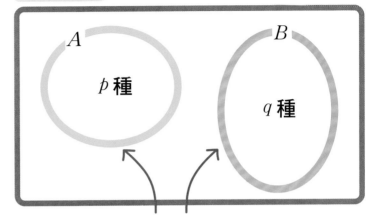

「A 或 B 發生的情況」共有 $p+q$ 種

> 若發生次數變多的話，就使用公式吧。

乘法法則

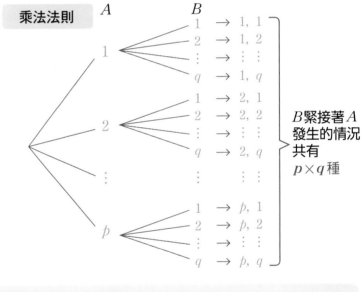

B 緊接著 A 發生的情況共有 $p \times q$ 種

公式

乘法法則

有 A、B 兩種事件，當「A 有 p 種情況」而「B 會隨之發生 q 種情況」時，A 和 B 相繼發生的情況共有 $p \times q$ 種。

例3 從A鎮前往B鎮，有3種搭乘電車前往的方式，以及2種搭乘公車前往的方式。此時根據「加法法則」，從A鎮到B鎮搭乘電車或公車前往的方法共有 $3+2=\underline{5}$ 種。**答**

電車

A鎮　　B鎮

巴士

例4 從A鎮前往B鎮，有3種搭乘電車前往的方式；從B鎮前往C鎮，有2種搭乘電車前往的方式。此時根據「乘法法則」，從A鎮前往C鎮的方法共有 $3 \times 2 = \underline{6}$ 種。**答**

A鎮　　B鎮　　C鎮

組合公式

利用「乘法法則」，就能簡單地導出下面的**組合公式**。

C_r^n 稱為「二項係數」，C 即是英文combination（組合）的開頭字母。

公式

由 n 個相異的物品當中選出 r 個，共有下列 C_r^n 種方式。

$$組合公式（二項係數）C_r^n = \frac{n!}{r!(n-r)!} \quad \cdots \quad (1)$$

這裡的 $n!$ 讀成「n 的階乘」，以下列算式表示。注意 n 為 0 以上的整數，且 $0! = 1$。

$$n! = n \times (n-1) \times (n-2) \times \cdots \times 3 \times 2 \times 1$$

例 $5! = 5 \times 4 \times 3 \times 2 \times 1 = 120$

例5 現有 5 種水果，每種各有 1 個。想要製作每盒有 3 個水果的禮盒，一共能製作出幾種組合呢？

$$C_3^5 = \frac{5!}{3!(5-3)!} = \frac{5!}{3!2!} = \frac{5 \times 4 \times 3 \times 2 \times 1}{3 \times 2 \times 1 \times 2 \times 1} = \underline{10 種} \text{答}$$

例6 從 10 人當中挑選出 5 人時，共有幾種挑選方式呢？

選出 5 人

$$C_5^{10} = \frac{10!}{5!(10-5)!} = \frac{10!}{5!5!}$$

$$= \frac{10 \times 9 \times 8 \times 7 \times 6 \times 5 \times 4 \times 3 \times 2 \times 1}{5 \times 4 \times 3 \times 2 \times 1 \times 5 \times 4 \times 3 \times 2 \times 1} = \underline{252 種} \text{答}$$

「排列」與「組合」的公式

利用「乘法法則」就能簡單地導出下面的**排列公式**。

公式　由 n 個相異的物品當中，依序取出 r 個排成 1 列，排列方式共有下列 P_r^n 種。

$$排列公式\ P_r^n = \frac{n!}{(n-r)!} = n(n-1)(n-2)\cdots(n-r+1)種\cdots \quad (2)$$

「排列」與「組合」之間的差異，在於「排列」有排列順序的不同，而「組合」沒有。

> **例7**　從 3 人當中選出 2 人排成 1 列，根據「排列」的〔公式（2）〕，可得到幾種方法？
>
> $$P_2^3 = \frac{3!}{(3-2)!} = \underline{6\ 種}\ \text{答}$$
>
> 而從 3 人當中選出 2 人，根據「組合」的〔公式（1）〕，可得到幾種方法？
>
> $$C_2^3 = \frac{3!}{2!(3-2)!} = \underline{3\ 種}$$

P_2^3　　　　　　　　　　C_2^3

排列　　　　　　　　　　　　　　組合

選出 2 人坐在
1 排椅子上的情況

選出 2 人
進入房間的情況

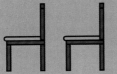

要考慮是否須要
區分順序哦。

隨機變數與機率分配（採用離散型隨機變數）

搭起「機率論」和「統計學」之間橋梁的，就是「隨機變數」及「機率分配」。

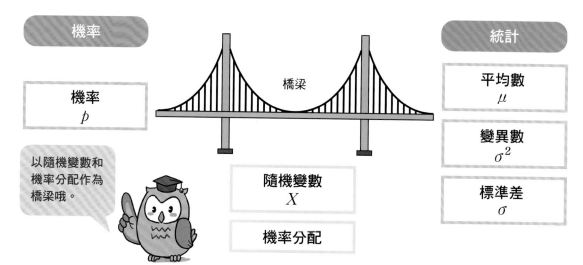

機率

機率
p

以隨機變數和機率分配作為橋梁哦。

橋梁

隨機變數
X

機率分配

統計

平均數
μ

變異數
σ^2

標準差
σ

● 何謂隨機變數

　當擲出1顆骰子進行試驗時，我們將出現的點數以「X」表示；X值是以第一次擲骰子所出現的點數來決定。因此在試驗中決定第一個值的變數，我們就稱為**隨機變數**。

● 隨機變數的種類

　「隨機變數」中，除了有骰子點數這類不連續的**離散型隨機變數**之外，還有身高體重這種連續的**連續型隨機變數**。本節先由「離散型隨機變數」開始介紹。

試驗

骰子

出現點數

X

隨機變數

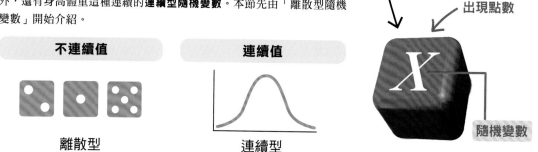

不連續值

離散型

連續值

連續型

例1 　從某小學的4年級學生當中隨機抽出1人，將此學生數學成績單的分數（1～5分）以X表示，此時成績X便為離散型隨機變數。

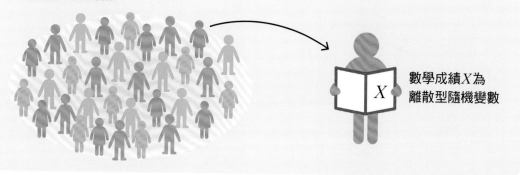

數學成績X為
離散型隨機變數

X

● 機率分配

機率分配會賦予每個隨機變數實際的機率,且隨機變數會隨著機率分配而變化。對應隨機變數與機率的表格,便稱為**機率分配表**。

機率分配表

隨機變數 X	機率
x_1	p_1
x_2	p_2
⋮	⋮
x_n	p_n
合計	1

此為隨機變數值與對應其發生機率值的表格。

例2 擲出一枚正反兩面出現機率均相同的銅板。以1表示正面、0表示反面,隨機變數 X 的機率分配表如下所示。

隨機變數 X	機率
0	0.5
1	0.5

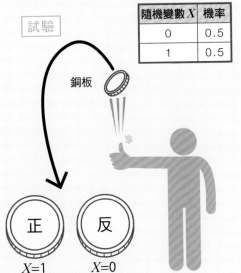

試驗

銅板

正　　反

$X=1$　　$X=0$

例3 擲出一顆點數出現機率皆相同的公正骰子,出現點數 X 的機率分配表如下所示。

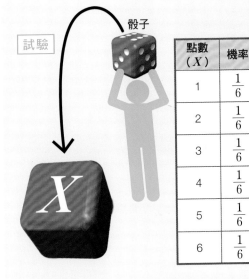

試驗

骰子

點數（X）	機率
1	$\frac{1}{6}$
2	$\frac{1}{6}$
3	$\frac{1}{6}$
4	$\frac{1}{6}$
5	$\frac{1}{6}$
6	$\frac{1}{6}$

X

例4 從1組沒有鬼牌的撲克牌當中隨機抽出1張卡片,將抽出的卡片編號 X 作為隨機變數（A視為1）,得到的機率分配表如右所示。

編號	1	2	3	⋯	10
機率	$\frac{1}{10}$	$\frac{1}{10}$	$\frac{1}{10}$	⋯	$\frac{1}{10}$

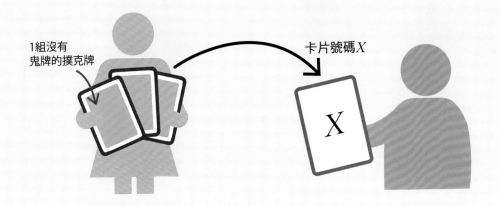

1組沒有鬼牌的撲克牌

卡片號碼 X

X

● 離散型隨機變數的圖表

離散型隨機變數可以用直方圖來表示。

例5 根據〔例4〕擲出1顆公正骰子的範例，將出現點數 X 的機率分配表製作成直方圖。

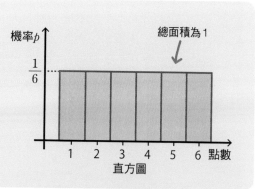

例6 同時擲出2枚正反面出現機率相等的銅板，以正面的數量 X 作為隨機變數，試著畫出其機率分配直方圖。

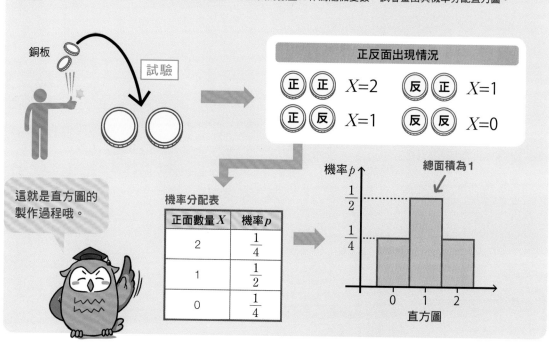

● 隨機變數的期望值與變異數（採用離散型隨機變數時）

隨機變數的**期望值**（或稱隨機變數的**平均值**），可視為是變數平均數（➡P34）的延伸。

公式

已知隨機變數 X 的機率分配如右方表格所示，因此期望值、變異數、標準差的定義如下。

期望值 $\mu = x_1 p_1 + x_2 p_2 + \cdots + x_n p_n$

變異數 $\sigma^2 = (x_1 - \mu)^2 p_1 + (x_2 - \mu)^2 p_2 + \cdots + (x_n - \mu)^2 p_n$

標準差 $\sigma =$ 變異數的算術平方根 $\sqrt{\sigma^2}$

隨機變數 X	機率
x_1	p_1
x_2	p_2
⋮	⋮
x_n	p_n
合計	1

【註】隨機變數的期望值與變異數一般都是以希臘符號來表示。μ（mu）、σ（sigma）皆為希臘符號，分別對應英文字母的 m 和 s。

例7 觀察〔例2〕的隨機變數 X，試求期望值、變異數、標準差。

期望值 $\mu = 0 \times 0.5 + 1 \times 0.5 = \underline{0.5}$

變異數 $\sigma^2 = (0-0.5)^2 \times 0.5 + (1-0.5)^2 \times 0.5 = \underline{0.25}$ 答

標準差 $\sigma = \sqrt{0.25} = \underline{0.5}$

例8 假設同樣擲出1顆〔例3〕的骰子，並觀察出現的點數 X；試求期望值、變異數、標準差。

期望值 $\mu = 1 \times \dfrac{1}{6} + 2 \times \dfrac{1}{6} + \cdots + 3 \times \dfrac{1}{6} = \underline{3.5}$

變異數 $\sigma^2 = (1-3.5)^2 \times \dfrac{1}{6} + (2-3.5)^2 \times \dfrac{1}{6} + \cdots + (6-3.5)^2 \times \dfrac{1}{6} = \dfrac{35}{12}\ (= \underline{約2.9})$ 答

標準差 $\sigma = \sqrt{\dfrac{35}{12}}\ (= \underline{約1.7})$

期望值的意思難以從字面上理解。在上述〔例8〕「骰子點數的期望值為3.5」中，我們並無法具體地解釋3.5的涵義。在解開各種問題時，只能在心裡記住有「這種東西」（→P68）。不過，在後面的「大數法則」（→P73）中便能得知，重複進行數次試驗，機率分配的次數就會以比例來呈現，於是次數分配表的平均數恰與期望值相同，因此我們可以直覺地認為期望值就是「重複進行試驗而獲得次數分配表中的平均數」。

例9 在〔例8〕中，期望值的含義如下。

隨機變數 X 的機率分配

X	1	2	3	4	5	6	計
機率 p	$\dfrac{1}{6}$	$\dfrac{1}{6}$	$\dfrac{1}{6}$	$\dfrac{1}{6}$	$\dfrac{1}{6}$	$\dfrac{1}{6}$	1

重複 N 次試驗（N 為極大的數字）

變數 x 的次數分配

x	1	2	3	4	5	6	計
次數 f	$\dfrac{N}{6}$	$\dfrac{N}{6}$	$\dfrac{N}{6}$	$\dfrac{N}{6}$	$\dfrac{N}{6}$	$\dfrac{N}{6}$	N

期望值 $= 1 \times \dfrac{1}{6} + \cdots + 6 \times \dfrac{1}{6} = \underline{3.5}$

平均數 $= \dfrac{1 \times \dfrac{N}{6} + \cdots + 6 \times \dfrac{N}{6}}{N} = \underline{3.5}$

N 為非常大的數值。

連續型隨機變數與機率密度函數

本節會介紹關於連續型隨機變數的意義及各種公式。

【註】這裡出現的「函數」一詞，可以將其視為統計學中的「公式」。

● 何謂連續型隨機變數

目前為止已經介紹過採用不連續值的「隨機變數」（**離散型隨機變數**）。實際的隨機變數，必然也會使用類似長度或重量這類**連續型隨機變數**。

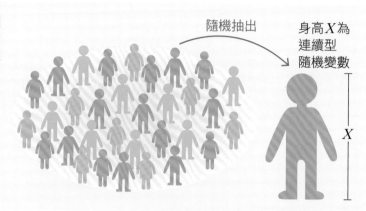

隨機抽出

身高 X 為連續型隨機變數

例1 從某國小的4年級學生當中隨機抽出1人，將此學生的身高以 X 來表示，這個身高 X 便為「連續型隨機變數」。

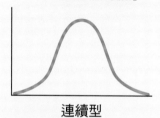

連續型

● 連續型隨機變數的機率分配表

「連續型隨機變數」並無法作成像上一節介紹的「離散型隨機變數」機率分配表；若要製作機率分配表，反而得仿效相對次數分配表（➡P31）的形式，並以組別來區分。

例2 使用相對次數分配表的形式，將〔例1〕的學童身高 X 製成機率分配表。

連續型隨機變數的機率分配表，與相對次數分配表的形式相同。

身高的相對次數分配表

組別		相對次數
以上	未滿	
150 ～	155	0.00
155 ～	160	0.05
160 ～	165	0.15
165 ～	170	0.30
170 ～	175	0.25
175 ～	180	0.20
180 ～	185	0.05
185 ～	190	0.00
總和		1

身高的機率分配表

組別		機率
以上	未滿	
150 ～	155	0.00
155 ～	160	0.05
160 ～	165	0.15
165 ～	170	0.30
170 ～	175	0.25
175 ～	180	0.20
180 ～	185	0.05
185 ～	190	0.00
總和		1

● 導入機率密度函數

當採用「連續型隨機變數」時，機率分配表並無法呈現出正確的機率分配，這是因為會產生區間寬度誤差的緣故。因此想要正確地呈現連續型隨機變數的分布狀態，就要利用**機率密度函數**來表示；當「隨機變數 X」的值落在右圖 a 和 b 的區間內時，便能利用此函數求出機率。

「機率密度函數」與機率不同。採用「連續型隨機變數」時，當「機率變數 X」的值為 x 時的機率為0，然而機率密度函數卻能夠得到正值。

隨機變數 X 的值落在 $a \leqq x \leqq b$ 的區間時，機率就是這裡的面積

機率密度函數曲線

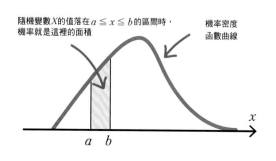

x

a　b

● 機率密度函數的期望值和變異數

接著找出「隨機變數X」的期望值吧。如P60所介紹，這些值的計算如下。

> **公式**
>
> 期望值 μ =「隨機變數X的值×對應的機率」的總和…（1）
>
> 變異數 σ^2 =「（X值－期望值）^{2}×對應的機率」的總和…（2）

採用「連續型隨機變數」時，並不能與離散型隨機變數一樣，由「總和」計算；這裡要分割為無數個小區間，來計算總和的**積分**概念。

> **例3** 從全國的小學4年級學生當中隨機抽出1人，將此學童的身高以X來表示。已知隨機變數X的機率密度函數，試求身高X的「期望值」及「變異數」。

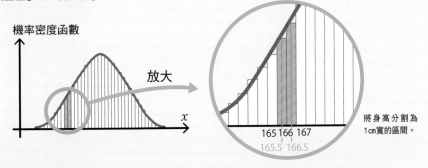

機率密度函數 放大 x

將身高分割為 1cm寬的區間。

165 166 167
165.5 166.5

〔公式（1））的總和要素，根據上圖是以165cm與166cm之間、166cm與167cm之間的2個區間來觀察。此時〔公式（1））所構成的「隨機變數X的值與對應的機率乘積」如下所示。

165cm和166cm之間的「隨機變數X的值與對應的機率乘積」
= 165.5×長方形的面積…（3）

166cm和167cm之間的「隨機變數X的值與對應的機率乘積」
= 166.5×長方形的面積…（4）

只要用這個方式計算身高全部區間的和，便能算出〔公式（1））的總和。

可是，上述的做法是以區間寬度為1cm的情況來觀察。如果以小於1cm的區間來計算〔公式（3））及〔公式（4））並加總的話，應該就能得到〔公式（1））的正確期望值。這種計算方法稱為「積分」，表示方式如下。

身高X的期望值=「隨機變數X的值×區間寬度無限小的長方形面積」的總和…（5）

變異數也是一樣。

身高X的變異數=「（X值－期望值）^{2}×區間寬度無限小的長方形面積」的總和…（6）

在統計學中，幾乎用不到積分的計算，這是因為大部分都已經公式化的緣故。即使不幸需要進行計算時，也能夠靠電腦輕鬆完成。

● 以積分的概念公式化

已知函數的曲線如右圖所示，將$a \leq x \leq b$的區間橫軸細分，每個區塊製作成如圖一般的長方形。分割為無限小，並將這些長方形相加起來，就是「$a \leq x \leq b$範圍的積分」。如果利用這個「積分」的概念，〔公式（5））及〔公式（6））就能改為下列的算式。

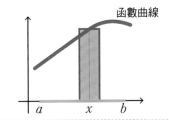

函數曲線

a　x　b

> **公式**
>
> 身高X的期望值=「隨機變數X與機率密度函數的乘積」的積分…（7）
>
> 身高X的變異數=「（X值－期望值）^{2}×機率密度函數的乘積」的積分…（8）

獨立試驗定理與二項分配

統計學上當抽出樣本時，原則上是採取「抽出放回」的方式。譬如當抽出10個樣本時，會隨機抽出1個後放回，接著再重複以上過程，一共進行10次。這個「獨立試驗定理T」具有十分重要的涵義。

● 獨立試驗定理

當2次試驗之間沒有任何關聯時，這2次試驗就互為**獨立**；此時下列的定理成立。

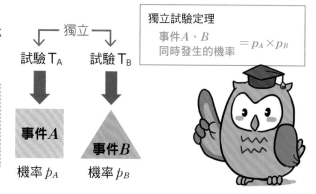

獨立試驗定理
$$\text{事件}A \cdot B \text{同時發生的機率} = p_A \times p_B$$

定理　2次獨立試驗的事件各為A、B。此時事件A、B同時發生的機率，便為各自事件與另一事件發生機率的「乘積」，此稱為**獨立試驗定理**。

獨立
試驗T_A　試驗T_B
事件A　事件B
機率p_A　機率p_B

例1 觀察連續投擲1顆正常製作的公正骰子2次。關於第1次的試驗（T_A）為「點數1」、第2次的試驗（T_B）同為「點數1」的發生機率，計算方式如下。

$$\frac{1}{6} \times \frac{1}{6} = \frac{1}{36} \text{ 答}$$

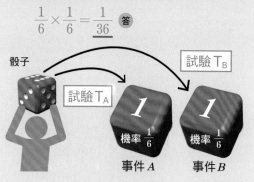

骰子　試驗T_B
試驗T_A
機率$\frac{1}{6}$　機率$\frac{1}{6}$
事件A　事件B

例2 分別擲出正常製作的公正骰子及銅板各一。擲出骰子的試驗（T_A）當中得到「點數1」、擲出銅板的試驗（T_B）當中得到「正面」的機率，計算方式如下。

$$\frac{1}{6} \times \frac{1}{2} = \frac{1}{12} \text{ 答}$$

銅板　試驗T_A　試驗T_B
骰子
機率$\frac{1}{6}$　正 機率$\frac{1}{2}$
事件A　事件B

● 重複試驗定理

觀察一下「獨立試驗定理」中特殊的情況，也就是「重複試驗定理」，意義如下所示。

在5次的試驗T中，發生2次A的情況範例
● … 事件A、■ … A以外事件

定理　假設在試驗T當中發生事件A的機率為p。當重複n次試驗T，使得事件A出現的次數為r時，發生這種情況的機率可由下列公式求得。

$$C_r^n p^r (1-p)^{n-r} \cdots \quad (1)$$

這裡的$_nC_r$為二項係數（➡P56），公式如下。

$$C_r^n = \frac{n!}{r!(n-r)!} \cdots \quad (2)$$

p　$1-p$　p　$1-p$　$1-p$

這個範例發生的機率為

$$p \times (1-p) \times p \times (1-p) \times (1-p) = p^2 (1-p)^3$$

在5次試驗中出現2次A的組合為C_2^5，發生的機率為$p^2(1-p)^3$。因此5次試驗中出現2次A的機率為。

$$C_2^5 p^2 (1-p)^3$$

【註】重複相同的獨立試驗稱為**重複試驗**。

例 3 擲出 5 次正常製作的公正骰子，假設在第 2 次試驗時便出現點數 1，試求發生這個情況下的機率 P。

由於出現點數 1 的機率 p 為 $\frac{1}{6}$，因此從〔公式（1）〕中得到：

$$P = C_2^5 \left(\frac{1}{6}\right)^2 \left(1 - \frac{1}{6}\right)^{5-3} = \frac{5!}{2!(5-2)!} \left(\frac{1}{6}\right)^2 \left(1 - \frac{1}{6}\right)^{5-2}$$

$$= 10 \left(\frac{1}{6}\right)^2 \left(1 - \frac{1}{6}\right)^{5-2} = \frac{625}{3888} = 約 0.16 \ 答$$

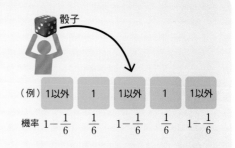

（例）1以外　1　1以外　1　1以外

機率　$1 - \frac{1}{6}$　$\frac{1}{6}$　$1 - \frac{1}{6}$　$\frac{1}{6}$　$1 - \frac{1}{6}$

例 4 擲出 10 次正反面出現機率相等的銅板，假設正面出現 7 次，試求這個情況下的機率 P。

因為正反面出現的機率相等，因此將 0.5 代入〔公式（1）〕的 p 當中，最後得到：

$$P = C_7^{10} \times 0.5^7 (1 - 0.5)^{10-3}$$

$$= \frac{10!}{7!(10-7)!} \times 0.5^{10} = \frac{15}{128} = 約 0.12 \ 答$$

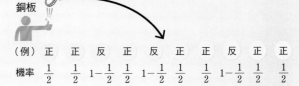

（例）正　正　反　正　反　正　正　反　正　正

機率　$\frac{1}{2}$　$\frac{1}{2}$　$1 - \frac{1}{2}$　$\frac{1}{2}$　$1 - \frac{1}{2}$　$\frac{1}{2}$　$\frac{1}{2}$　$1 - \frac{1}{2}$　$\frac{1}{2}$　$\frac{1}{2}$

● 二項分配

接著介紹離散型隨機變數中最有名的**二項分配**吧。二項分配是用來表示重複試驗中得到的隨機變數機率分配，定義如下。

公式

隨機變數 X 在取得 r 值時的機率，其機率分配如下列公式所示，稱為「二項分配」。以二項分配的英語 binomial distribution 的字母開頭 B 作為代表紀號，記為 $B(n, p)$。

取得 r 值時的機率 $C_r^n p^r (1-p)^{n-r}$　$(r = 0, 1, 2, \cdots, n)$　$\cdots$（3）

服從此二項分配的隨機變數 X 的期望值 μ、變異數 σ^2 由下列算式求出。

期望值 $\mu = np$，變異數 $\sigma^2 = np(1-p)$

例 5 擲出 5 次點數出現機率相等的公正骰子，當點數 1 出現 X 次時，此時隨機變數 X 的機率分配便為二項分配。

X	機率 p
0	$_5C_0 \left(1 - \frac{1}{6}\right)^5$
1	$_5C_1 \left(\frac{1}{6}\right) \left(1 - \frac{1}{6}\right)^4$
2	$_5C_2 \left(\frac{1}{6}\right)^2 \left(1 - \frac{1}{6}\right)^3$
3	$_5C_3 \left(\frac{1}{6}\right)^3 \left(1 - \frac{1}{6}\right)^2$
4	$_5C_4 \left(\frac{1}{6}\right)^4 \left(1 - \frac{1}{6}\right)$
5	$_5C_5 \left(\frac{1}{6}\right)^5$

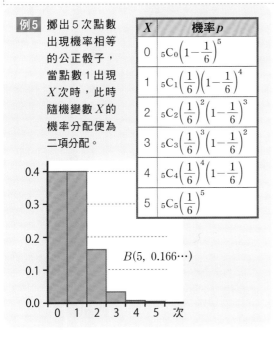

$B(5, 0.166\cdots)$

例 6 擲出 10 次正反面出現機率相等的銅板，假設正面出現的次數為 X 次。此時隨機變數 X 的機率分配便為二項分配。

X	機率 p
0	$_{10}C_0 \left(1 - \frac{1}{2}\right)^{10}$
1	$_{10}C_1 \left(\frac{1}{2}\right) \left(1 - \frac{1}{2}\right)^9$
2	$_{10}C_2 \left(\frac{1}{2}\right)^2 \left(1 - \frac{1}{2}\right)^8$
3	$_{10}C_3 \left(\frac{1}{2}\right)^3 \left(1 - \frac{1}{2}\right)^7$
$\vdots$	$\vdots$
9	$_{10}C_9 \left(\frac{1}{2}\right)^9 \left(1 - \frac{1}{2}\right)$
10	$_{10}C_{10} \left(\frac{1}{2}\right)^{10}$

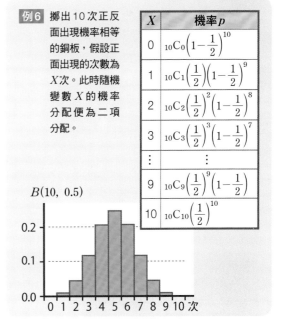

$B(10, 0.5)$

常態分配

統計學當中最有名的「連續型隨機變數」（➡P62）的分配即為「常態分配」。

● 常態分配的公式

常態分配的定義如下。

公式　下列「機率密度函數」（➡P62）所代表的機率分配稱為**常態分配**。

$$常態分配\ f(x) = \frac{1}{\sqrt{2\pi}\,\sigma} e^{-\frac{(x-\mu)^2}{2\sigma^2}} \quad \cdots (1)$$

曲線如右圖一樣呈現鐘形，服從此機率分布的隨機變數期望值為 μ、變異數為 σ^2。

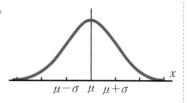

【註】π 為圓周率，e 為**自然底數**，它是「自然對數的底數」，值接近2.71828（記法利用諧音「爾等吃藥不愛發」）。此外，期望值 μ、變異數 σ^2 的常態分配符號為 $N(\mu, \sigma^2)$，N 為常態分配normal distribution的字母開頭。

● 常態分配的例子

雖然常態分配的公式形態十分複雜，但是服從常態分配的例子卻隨處可見。

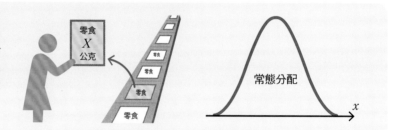

例1　從A點心工廠的產線當中抽出印有淨重100公克的零食，每個產品的重量 X 為「隨機變數」，其機率分配的機率密度函數一般皆為「常態分配」。

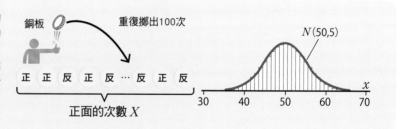

例2　擲出100次正常製作的公正銅板，出現正面的次數 X 為「隨機變數」，其機率分配近似「常態分配」（**二項分配近似於常態分配**➡P65）。

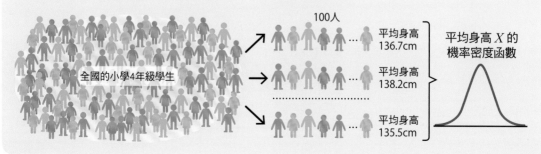

例3　從全國的小學4年級學生當中隨機抽出100人，調查他們的平均身高。雖然每抽出100人的平均身高值皆大不相同，但是機率密度函數皆為常態分配（中央極限定理➡P72）。

● 常態分配的性質與百分比

常態分配的圖形是以期望值為中心，並呈現左右對稱的鐘形。如下圖所示，「期望值±標準差」的區間為68%以上的面積，而「期望值±2×標準差」的區間則包含95%以上的面積。在某區間發生事件的機率，是以其區間的機率密度函數的曲線與橫軸所圍起來的面積來表示（➡P62），而「期望值±2×標準差」便幾乎（約占95%以上）涵蓋了所有事件發生的機率。

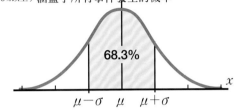
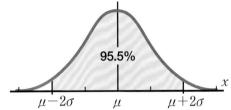

以平均數為中心的「95%與99%所覆蓋的範圍」，經常運用在統計學上，這個範圍右側的臨界點稱為常態分配的**兩側5%點**及**兩側1%點**（%點讀為「百分點」）。

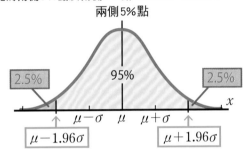
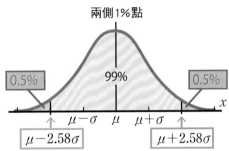

此外，由左至右的95%範圍及99%範圍也經常受到統計學的運用，這些臨界點稱為常態分配的**前5%點**、**前1%點**。

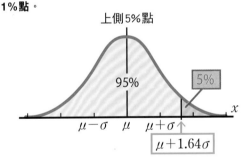
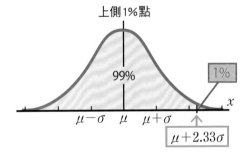

● 標準常態分配

在常態分配的〔公式（1）〕當中，當期望值 μ 為0、標準差 σ 為1時，此時的常態分配稱為**標準常態分配**。

公式

具有下列「機率密度函數」（➡P62）的機率分配稱為「標準常態分配」。

$$標準常態分配\ f(x) = \frac{1}{\sqrt{2\pi}} e^{-\frac{x^2}{2}} \cdots (2)$$

服從此分配的隨機變數期望值為0，變異數為 1^2（標準差為1）。

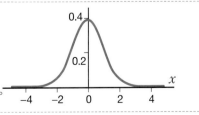

在電腦尚未普及的時代，標準常態分配的數值也曾進行詳細地調查。過去會先將服從常態分配的隨機變數進行標準化（➡與P42「變數的標準化」相同），轉換為服從標準常態分配的隨機變數。即便到了現代，坊間的統計學參考書仍然殘留著過去這種方法。然而現今已經是能以電腦輕鬆進行統計分析的時代，標準常態分配的作用已經無足輕重了。

統計學人物傳 3　　布萊茲·帕斯卡

帕斯卡（1623～1662）為法國的哲學家、數學家、神學家，同時也是有名的天才兒童，著有《思想錄》一書。

「人是能夠思想的蘆葦。」

這句話不僅是帕斯卡為後世廣為流傳的名言，而他在著作《思想錄》中，也收錄了著名的「帕斯卡的賭注」。所謂帕斯卡的賭注，是倡導相信上帝為相對合理的行為，內容簡單來說如下方的解釋：

> 假設針對上帝存在一事下賭注。如果贏得賭注，便能獲得永久的生命與快樂；相反地，即使輸掉賭注，也不會帶來任何損失。

> 反過來看，假設針對上帝不存在一事下賭注。當贏得賭注時，只能獲得今生的幸福；而輸掉賭注時，便會失去來世的幸福，這樣的損失不可謂不大。

帕斯卡在統計學上的貢獻，最重要的領域莫過於「機率論」。機率論誕生的契機，據說最初是由一位名為Chevalier De Mere的朋友寫給帕斯卡的信開始的。這裡將信的內容改編成現代用語，以呈現出具體的問題。

> **上帝是否存在？**

假設A和B兩人使用一枚正反兩面出現機率相等的銅板作賭注，若出現正面的話就是A獲勝，反面則是B獲勝。接著各自拿出2萬元，先取得3勝的人便贏得勝利（換言之能夠獲得4萬元）。假設在進行過程中，當A取得2勝、B取得1勝時，比賽不得已而中斷了。此時賭注4萬元該如何分配給A和B兩人呢？

若將2萬元各分給A、B兩人的話，對於取得2勝的A來說十分不公平；若A將4萬元全部拿走，對於還有獲勝可能性的B來說也不公平。於是帕斯卡便導入「期望值」的概念，以此來解答朋友的疑惑。換句話說，在A取得2勝、B取得1勝的狀況下，第4、5次的比賽機率如下圖所示（當A獲勝時以○、落敗時以×來表示）。

從圖中可以得知，分配給A $\frac{3}{4}$ 的獎金（也就是3萬元）、分配給B $\frac{1}{4}$ 的獎金（也就是1萬元）為最合理的處理方式。

可以說現代「機率論的決策理論」精髓，乃是帕斯卡於300年前所提出的。

帕斯卡的賭注

打賭「上帝存在」

勝 獲得「永遠的幸福」

負 沒有損失

打賭「上帝不存在」

勝 獲得「今生的快樂」

負 失去「永遠的幸福」

> 帕斯卡的觀點提供我們以機率論來對應不確定對象的本質。

4

推論統計學
的內容

母體平均數與樣本平均數

這裡會介紹統計學中最重要的統計量之一，也就是「平均數」。

● 母體的平均數與變異數

母體的平均數與變異數稱為**母體平均數**及**母體變異數**，它們的定義與資料中的平均數和變異數相同。（➡ P34、38）。

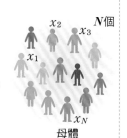

公式

由 N 個樣本所組成的母體平均數 μ、變異數 σ^2 的定義如下。

$$母體平均數 \ \mu = \frac{x_1 + x_2 + \cdots + x_N}{N} \quad \cdots \quad (1)$$

$$母體變異數 \ \sigma^2 = \frac{(x_1 - \mu)^2 + (x_2 - \mu)^2 + \cdots + (x_N - \mu)^2}{N} \quad \cdots (2)$$

N 為**母體大小**，而 x_1、x_2、$\cdots$、x_N 代表**母體樣本**。

一般而言，統計學上的母體平均數及母體變異數皆未知，將它們估計出來就是統計學最大的用途。

● 母體分配

從母體中隨機抽出 1 個樣本，假設樣本值為 X。這裡的 X 與骰子點數相同，會因每次抽出樣本的不同而隨之變化；換句話說，**從母體中抽出的樣本值 X 為隨機變數**。

另外，**也能觀察隨機變數 X 的機率分配**（➡P58、62），此分配稱為**母體分配**。

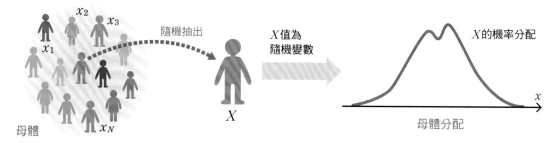

母體分配的期望值 μ 和變異數 σ^2 為〔公式（1）〕、〔公式（2）〕的值，亦即母體平均數與母體變異數一致。

● 樣本平均數的公式

「樣本」的平均值（此稱為**樣本平均數**），定義也和「變數」的平均數或母體平均數的公式相同。

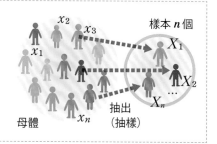

公式

從母體抽出 n 個要素所組成的樣本 $\{X_1, X_2, \cdots X_n\}$，此時**樣本平均數 $\overline{X}$** 的定義如下，n 為**樣本大小**。

$$樣本平均數 \ \overline{X} = \frac{X_1 + X_2 + \cdots + X_n}{n} \quad \cdots (3)$$

請注意〔公式（3）〕中的各項分子皆為「隨機變數」。樣本平均數是從母體中隨機抽出而計算出來的值，因此與骰子點數同樣皆為隨機變數。

此外，抽出樣本後，經〔公式(3)〕所算出的平均值稱為「樣本平均數」。注意不要和母體平均數混淆了。

【註】隨機變數通常是以大寫英文字母來表示，〔公式(3)〕當中即明確地顯示出以大寫的項目代表隨機變數。

例1 調查住在A都市中20歲男子的平均身高，隨機抽出符合條件的10個人。樣本平均數的公式如下：

$$\overline{X} = \frac{X_1 + X_2 + \cdots + X_{10}}{10}$$

這裡的樣本平均數 $\overline{X}$、以及樣本 $X_1, X_2, \cdots, X_{10}$ 等，皆為隨機抽出10人而得到的「隨機變數」。

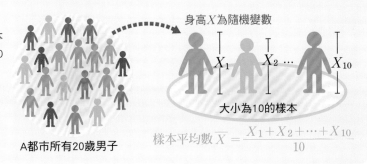

身高 X 為隨機變數

A都市所有20歲男子

大小為10的樣本

樣本平均數 $\overline{X} = \dfrac{X_1 + X_2 + \cdots + X_{10}}{10}$

● 母體分配與樣本分配

隨機變數對應「機率分配」（➡P59）。因為樣本平均數〔公式(3)〕也是隨機變數，所以也能觀察其對應的「機率分配」，此機率分配稱為樣本平均數的**樣本分配**。

例2 調查住在A都市中20歲男子的平均身高，隨機抽出符合條件的10個人作為樣本，此樣本平均數服從某機率分配，此機率分配為樣本平均數的樣本分配。

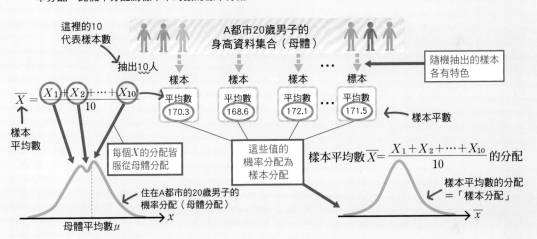

這裡的10代表樣本數

抽出10人

A都市20歲男子的身高資料集合（母體）

隨機抽出的樣本各有特色

$$\overline{X} = \frac{X_1 + X_2 + \cdots + X_{10}}{10}$$

樣本平均數

樣本 平均數 170.3｜樣本 平均數 168.6｜樣本 平均數 172.1｜標本 平均數 171.5 ← 樣本平數

每個 X 的分配皆服從母體分配

這些值的機率分配為樣本分配

樣本平均數 $\overline{X} = \dfrac{X_1 + X_2 + \cdots + X_{10}}{10}$ 的分配

樣本平均數的分配＝「樣本分配」

住在A都市的20歲男子的機率分配（母體分配）

母體平均數 μ

● 確認名詞與符號

由於相關名詞與符號有些繁複，因此將它們整理成表格如下。

名詞	計算方式	符號
期望值	當已知機率分配時，利用 P60、63 的公式計算出來。	通常使用 μ
隨機變數的變異數	當已知機率分配時，利用 P60、63 的公式計算出來。	通常使用 σ^2
平均數	獲取資料時，利用 P34、35 的公式計算出來。	在小寫英文字母上方加上一條橫槓（例如 $\overline{x}$）
變數的變異數	獲取資料時，利用 P39 的公式計算出來。	通常使用 s^2
樣本平均數	於〔公式(3)〕定義的隨機變數，注意它很容易與平均數混淆。	在大寫英文字母上方加上一條橫槓（例如 $\overline{X}$）
母體平均數	與變數的平均數公式相同，利用〔公式(1)〕計算。	通常使用 μ
母體變異數	與變數的變異數公式相同，利用〔公式(2)〕計算。	通常使用 σ^2

【註】在數理科學的領域當中，對於具有對應對象的固定值通常都會以希臘符號來表示。

中央極限定理

本節介紹有關樣本平均數的分配，也就是樣本分配中最有名的「中央極限定理」。

● 中央極限定理

當樣本中的要素數量很多，也就是**大型樣本**時，其「樣本分配」會使得右方的**中央極限定理**成立。

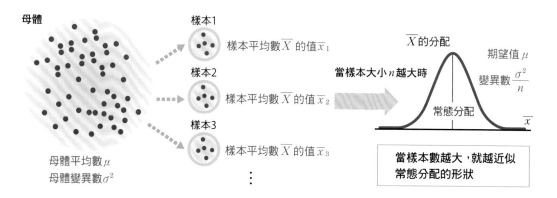

從母體平均數 μ、變異數 σ^2 的母體中抽出「大小為 n」的樣本，令樣本平均數為 $\overline{X}$。若 n 的值越大，$\overline{X}$ 的機率分配就會近似於期望值 μ、變異數 $\dfrac{\sigma^2}{n}$（樣本標準差為 $\dfrac{\sigma}{\sqrt{n}}$）的常態分配。

母體

樣本1 樣本平均數 $\overline{X}$ 的值 $\overline{x}_1$

樣本2 樣本平均數 $\overline{X}$ 的值 $\overline{x}_2$

樣本3 樣本平均數 $\overline{X}$ 的值 $\overline{x}_3$

母體平均數 μ
母體變異數 σ^2

當樣本大小 n 越大時

$\overline{X}$ 的分配

期望值 μ

變異數 $\dfrac{\sigma^2}{n}$

常態分配

$\overline{x}$

當樣本數越大，就越近似常態分配的形狀

例1 以抽樣來調查日本上班族家庭主婦的私房錢平均金額。雖然母體分配未知，但抽出 n 人的樣本平均數分布，當 n 變大時就近似於常態分配。而期望值會與日本上班族家庭主婦的私房錢平均數（母體平均數 μ）一致，變異數則為母體變異數 σ^2 除以 n 的值；此即為「中央極限定理」。

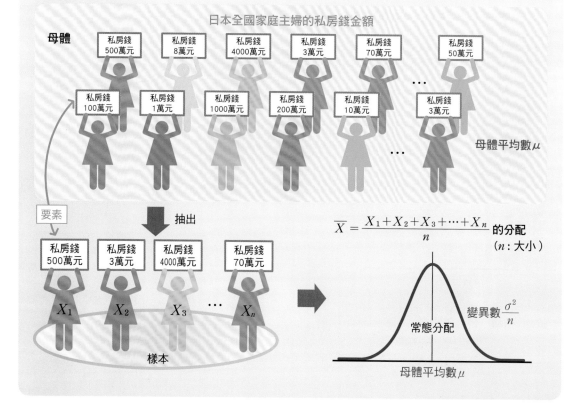

日本全國家庭主婦的私房錢金額

母體

| 私房錢 500萬元 | 私房錢 8萬元 | 私房錢 4000萬元 | 私房錢 3萬元 | 私房錢 70萬元 | 私房錢 50萬元 |

| 私房錢 100萬元 | 私房錢 1萬元 | 私房錢 1000萬元 | 私房錢 200萬元 | 私房錢 10萬元 | 私房錢 3萬元 |

母體平均數 μ

要素

抽出

私房錢 500萬元　私房錢 3萬元　私房錢 4000萬元　私房錢 70萬元

X_1　X_2　X_3　$\cdots$　X_n

樣本

$$\overline{X} = \frac{X_1 + X_2 + X_3 + \cdots + X_n}{n}$$ 的分配
（n：大小）

變異數 $\dfrac{\sigma^2}{n}$

常態分配

母體平均數 μ

例2 假設有1顆正常製作的公正骰子，擲出此骰子100次得到的點數為 $\{X_1, X_2, \cdots, X_{100}\}$，我們可以將這個結果視為從骰子擲出無限次而獲得的點數「母體」，再從母體當中所抽出「數量為100的樣本」。

此時近似於樣本平均數 $\overline{X} = \dfrac{X_1 + X_2 + \cdots + X_{100}}{100}$ 為3.5、變異數為 $\dfrac{(35/12)}{100}$ 的常態分配。

【註】骰子的期望值與變異數請參考第60頁。

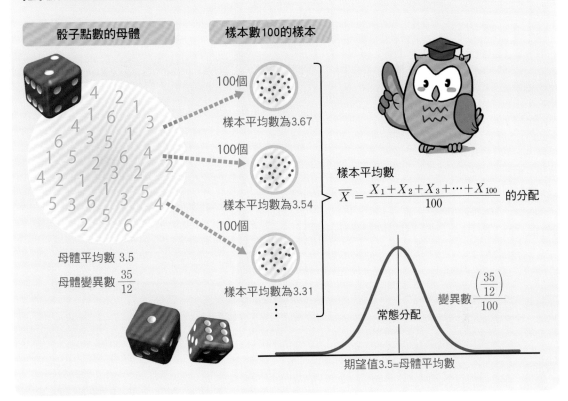

骰子點數的母體

樣本數100的樣本

100個　樣本平均數為3.67

100個　樣本平均數為3.54

100個　樣本平均數為3.31

母體平均數 3.5

母體變異數 $\dfrac{35}{12}$

樣本平均數 $\overline{X} = \dfrac{X_1 + X_2 + X_3 + \cdots + X_{100}}{100}$ 的分配

變異數 $\dfrac{\left(\dfrac{35}{12}\right)}{100}$

常態分配

期望值3.5=母體平均數

● 大數法則

我們根據「中央極限定理」可以得知，「樣本大小n」越大時，樣本平均數 $\overline{X}$ 的變異數越小；換言之，機率密度在母體平均數 μ 附近會因此增加。再進一步說，當樣本平均數的「樣本大小n」越大時，就「越接近母體平均數 μ 」，此稱為**大數法則**。我們從這個經驗法則中可以得知，想要更了解母體，僅須盡可能地抽出「較大的樣本」。

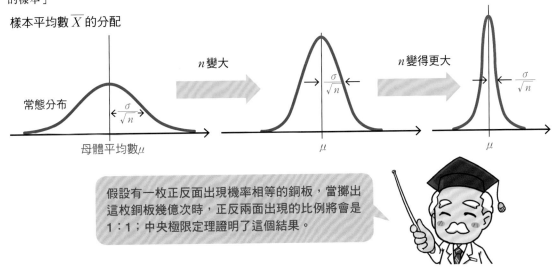

樣本平均數 $\overline{X}$ 的分配

常態分布

n變大

n變得更大

$\dfrac{\sigma}{\sqrt{n}}$

母體平均數μ

μ

μ

假設有一枚正反面出現機率相等的銅板，當擲出這枚銅板幾億次時，正反兩面出現的比例將會是1：1；中央極限定理證明了這個結果。

大樣本的統計估計方法

這裡介紹統計推論方法中「大樣本」的「母體平均數估計」。

● 何謂估計

如同成語「見微知著」一般，統計學能夠根據樣本推算出「母體的性質」，此稱為統計的**估計**；接著讓我們觀察一下大樣本時的估計方法吧。

> **例** 為了要了解全國小學生每個月的零用錢平均數，隨機挑選出2,500位小學生進行調查，得到平均數3,000元、標準差5,000元的結果。接著以95％的準確度來估計全國小學生每個月零用錢的平均數 μ 吧。

① 調查母體分配。

調查母體分配（本例為全國小學生每個月零用錢的分配）。

然而我們不可能調查出全國小學生零用錢的分配（母體分配）為何。雖然分配大致上如下所示，但本節的檢定並不需要如此詳細的資料，這是因為樣本夠大，並且能夠使用中央極限定理（➔P72）的緣故。

零用錢的分布

每位兒童的零用錢分配

② 調查估計使用的統計量所服從的樣本分配。

根據中央極限定理，估計所使用的統計量（這個例子是指樣本平均數（➔P70））服從期望值為母體平均數 μ、變異數為 $5000^2/2500$ 的常態分配。亦即：

$$期望值 = \mu$$

$$變異數 = \frac{5000^2}{2500}$$

$$標準差 = \frac{5000}{\sqrt{2500}} = 100$$

隨著①～④的步驟，便能進行統計上的「估計」。

母體的變異數 σ^2

這裡利用根據樣本計算出來的「變異數」作為母體的變異數。因為能夠預料的樣本越大，母體的變異數 σ^2 與樣本的變異數 s^2 就會趨於一致。

③在②的樣本分配當中，以期望值為中心，利用已知的信賴度調查統計量發生的範圍。

④以算式表示②的統計量落入③的範圍內，並代入觀測及實驗所獲得的值。

雖然可以利用統計分析軟體（例如Excel）進行運算，不過這裡我們先以常態分配百分比性質（➡P67）計算。

$$\mu - 1.96 \times \frac{5000}{\sqrt{2500}} \leq \overline{X} \leq \mu + 1.96 \times \frac{5000}{\sqrt{2500}}$$

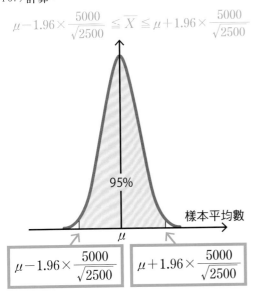

95%

樣本平均數

μ

$$\mu - 1.96 \times \frac{5000}{\sqrt{2500}}$$ $$\mu + 1.96 \times \frac{5000}{\sqrt{2500}}$$

在這個例子當中，95%的「準確度」稱為估計的「可靠度」。

將③的公式轉換為求出μ的公式。

$$\overline{X} - 1.96 \times \frac{5000}{\sqrt{2500}} \leq \mu \leq \overline{X} + 1.96 \times \frac{5000}{\sqrt{2500}}$$

將$\overline{X} = 3000$元代入公式中。

$$3000 - 1.96 \times \frac{5000}{\sqrt{2500}} \leq \mu \leq 3000 + 1.96 \times \frac{5000}{\sqrt{2500}}$$

如此一來便能得到在95%的機率（可靠度）下成立的「估計式」（信賴區間）。

$$\underline{2804 \leq \mu \leq 3196}$$ 答

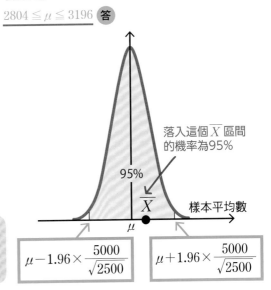

落入這個$\overline{X}$區間的機率為95%

95%

$\overline{X}$

樣本平均數

μ

$$\mu - 1.96 \times \frac{5000}{\sqrt{2500}}$$ $$\mu + 1.96 \times \frac{5000}{\sqrt{2500}}$$

● 信賴區間的意義

這個例子我們得到的估計區間稱為**95%可靠度**的母體平均數μ的「**信賴區間**」。這裡要注意，這個公式並非表示「母體平均數μ有**95%的機率**會落入上述區間內」的意思，而是代表上面的公式有95%的機率會成立。

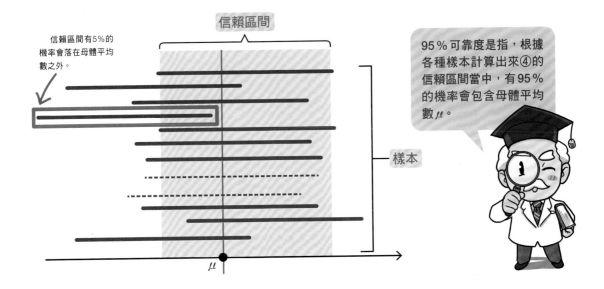

信賴區間

信賴區間有5%的機率會落在母體平均數之外。

樣本

μ

95%可靠度是指，根據各種樣本計算出來④的信賴區間當中，有95%的機率會包含母體平均數μ。

統計的檢定方法

在機率的問題上，想要指出「邏輯上的謬誤」是相當困難的，因為對方只要以「那只不過是巧合」的說法蒙混過去，我們便無法加以反駁了。因此針對干預機率的問題，我們必須要具備說服對手的特殊技術，那就是「統計檢定」。

● 以範例來觀察

例 國外旅行時，在某個城市遇見一名以1枚銅板為賭注的賭徒。

「若出現正面的話是客人獲得1元，若出現反面則是我拿到1元。如何，要賭賭看嗎？」

仔細一看，銅板似乎大有文章。實際觀察發現，銅板擲出8次當中出現了7次反面，當我們提出：「那枚銅板不是**比較容易出現反面**嗎？」賭徒卻回答：「即使是正反面出現機率相等的銅板，偶爾也會出現這種情況吧。」此時我們該如何反駁才好？

針對這個「碰巧」的結果，以下圖來說明邏輯的方式就是**統計檢定**。另外，關於隨機變數「反面次數」（這樣的隨機變數稱為**檢定統計量**）的機率分配計算，就交由電腦處理。

1 賭徒的主張
姑且認同「正反面出現的機率相等」。

是碰巧的！

2 我的主張
提出「容易出現反面」。

容易出現反面。

3 確認「罕見」的5%機率並非偶然發生

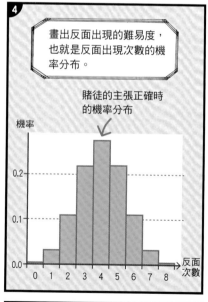

4 畫出反面出現的難易度，也就是反面出現次數的機率分布。

賭徒的主張正確時的機率分布

機率

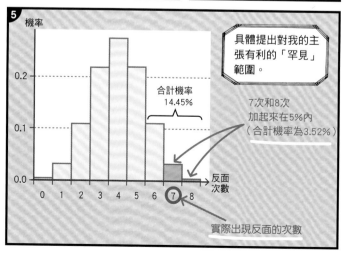

5 機率

合計機率14.45%

具體提出對我的主張有利的「罕見」範圍。

7次和8次加起來在5%內（合計機率為3.52%）

實際出現反面的次數

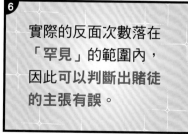

6 實際的反面次數落在「罕見」的範圍內，因此可以判斷出賭徒的主張有誤。

● 常用表示方式

左頁的範例也能運用在其他問題上，我們以常見的名詞重新表達一次吧。

賭徒

① 虛無假設
正反面出現的
機率相等。

檢定者

② 對立假設
反面
容易出現。

①虛無假設　對於想要否定的假設，例如賭徒的主張「正反面出現的機率相等」，先假設成立。
②對立假設　提出想要主張的假設，例如「反面容易出現」。

賭徒　承認吧！

③ 確認顯著水準

5%的「並非偶然」
還真是
罕見呀！

檢定者

③顯著水準　決定「發生如此罕見的事絕非偶然」與「如此罕見情形」的機率，例如5%，統計上大部分都是採用5%或1%。

④ 檢定統計量的分布
根據賭徒的主張（虛無假設），畫出反面出現次數（檢定統計量）的機率分布。

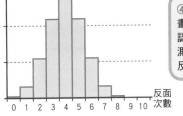

④檢定統計量
畫出機率分佈，確認假設所獲取的觀測量，例如「出現反面的次數」。

反面
次數
0 1 2 3 4 5 6 7 8 9 10

⑤ 確認拒絕域
顯示在5%以下的機率發生、對我的主張有利的範圍。若結果出現在這個範圍內，那麼就能視為「並非偶然」。

承認吧！

檢定者

拒絕域

賭徒

反面
次數
0 1 2 3 4 5 6 7 8 9 10

⑤拒絕域　將③的「顯著水準」以下機率所發生、對我的主張有利的範圍顯示在④的機率分布上。例如「7次和8次反面」的範圍便為拒絕域。

⑥ 調查、實驗
實際的結果落入⑤的範圍內，因此你的主張有誤！

檢定者

拒絕虛無假設
我心服口服了！

⑥觀測結果　在範例中，確認「8次當中反面出現7次」的結果是否落入⑤的拒絕域內。如果落入的話，便能拋棄①的虛無假設（此稱為拒絕）。

論點

若你的主張正確，那麼我的主張出現有利的結果應該會極為罕見才是。然而我們卻得到這個罕見的結果，所以代表你的主張錯誤、我的主張正確。

何謂顯著水準的「顯著」？

最初確認出判斷「極為罕見」的基準十分重要。比方說像是「發生10%以下的事件絕非偶然」等等，必須先確定具體的機率值，否則就會出現對於「罕見」的解釋爭論不休的情況；以這個作為基準的機率就稱為**顯著水準**。根據「若機率比它更小的話，那麼一定不是偶然發生，而是有明顯的特徵」的意思，因而稱為**顯著**。

顯著水準必須在作出對錯的判斷之前先行設定，一般會利用5%或1%。雖說這個數字也有其歷史淵源，但是以常理來看，若事件在這個機率下發生的話，便不能說是「巧合」了，因此稱得上是很有效果的機率值。本書是將顯著水準設定為5%。

單尾檢定和雙尾檢定

檢定為利用機率論，說明「虛無假設錯誤」的估計方法。隨著對立假設中拒絕域所在位置的不同，可分為「雙尾檢定」與「單尾檢定」兩種。

檢定分為「單尾檢定」和「雙尾檢定」，這裡以下列的〔範例〕說明兩者之間的差異。

> **例** 國外旅行時，在某個城市遇見一名以1枚銅板為賭注的賭徒。「若出現正面的話是客人獲得1元，若出現反面則是我拿到1元。如何，要賭賭看嗎？」仔細一看，銅板似乎大有文章。實際觀察發現，銅板擲出8次當中出現了7次反面，當我們提出：「那枚銅板不是**比較容易出現反面**嗎？」賭徒卻回答：「即使是正反面出現機率相等的銅板，偶爾也會出現這種情況吧。」此時我們該如何反駁才好？

在上一節中（➡P76），對立假設為「那枚銅板比較容易出現反面」，我們在這裡將它改為「**正反面出現的機率不相等**」。統計檢定的過程，基本上與上一節沒有什麼不同，其中只有步驟②的「對立假設」與步驟⑤的「設定拒絕域的方式」有所改變。

---

① **虛無假設** 假設同意賭徒的主張「正反面出現的機率相等」。
② **對立假設** 提出「正反面出現的機率不相等」的假設。
③ **顯著水準** 決定為5%。
④ **檢定統計量** 畫出「反面出現次數」的機率分布。
⑤ **拒絕域** 顯示在④的機率分布當中。這個例子中是以「反面出現0次和8次」的範圍作為拒絕域。
⑥ **觀測結果** 以「8次之中反面出現7次」的結果，來確認是否落入⑤的拒絕域內。若落入此範圍內，就拋棄①的虛無假設（此稱為**拒絕**）。

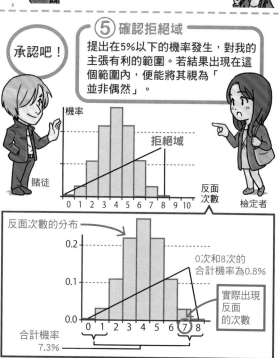

● 單尾檢定與雙尾檢定

在上節與本節所提出的主張（對立假設）中，出現「容易出現反面」與「正反面出現的機率不相等」的差別；我們以下面兩張圖來表示拒絕域的不同。從圖中可以看到，左下圖的檢定（上節的例子➡P77）為**單尾檢定**，右下圖的檢定（本節的例子）稱為**雙尾檢定**（下圖的單尾檢定，由於拒絕域位於右方，因此也稱為**右尾檢定**）。

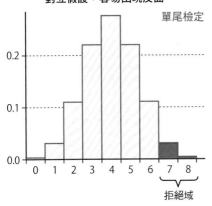
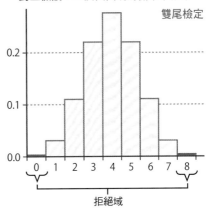

● 單尾檢定與雙尾檢定的對立假設不同

如各位由上圖所見，兩種主張（對立假設）「容易出現反面」與「正反面出現的機率不相等」之間的差異，因此產生出單尾檢定與雙尾檢定兩種類型。接著也觀察一下公式之間的相異處吧。

● 為何拒絕域會發生變化呢

為了反駁對方的主張，並聲明自己的主張才是正確的，需用下列的論述方法（➡P77）。

論點　以你的主張（虛無假設）來看，想要出現對我的主張（對立假設）有利的結果（拒絕域）應該是極為罕見的（顯著水準）。然而，我們卻得到其中一種結果，所以證明你的主張有誤，我的主張才是正確的。

如內容中所述，拒絕域附加了「會出現對我的主張（對立假設）有利的結果（拒絕域）」這樣的條件。

不會說「接受虛無假設」

當根據實驗及觀測的結果而拒絕虛無假設時，我們會說「接受對立假設」；可是當我們根據結果，沒有拒絕虛無假設時，卻不會表示「接受虛無假設」，這是因為並沒有充分證據來支持虛無假設的緣故。在這個時候，我們只會說「不拒絕虛無假設」。

統計檢定的實例

統計檢定是指若虛無假設成立，那麼基於這個假設，就能得知獲得實際樣本的機率將會十分「罕見」，本節將以實例來觀察一下。

利用統計檢定的做法（➡P77～79），試著解開實際的檢定問題。

● 使用雙尾檢定

例1 全國小學5年級學生的平均身高在2000年為148.5cm、變異數為7.8^2；由於飲食生活改變等因素，因此造成兒童的成長產生變化。於是我們從現今的小學5年級兒童當中「隨機抽出100人」，得到平均身高為149.2cm。針對小學5年級兒童的身高是否產生變化，在假設變異數不變的情況下，利用「顯著水準5%」來檢定。

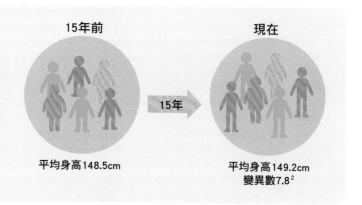

15年前　　　　　　　現在

15年

平均身高148.5cm　　　平均身高149.2cm
變異數7.8^2

跟著P78中①～⑥的步驟進行。

1 建立虛無假設「平均身高為148.5」

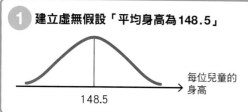

148.5　　　每位兒童的身高

2 建立對立假設

因為我們想要主張「身高產生變化」，所以對立假設為「平均身高並非148.5cm」。

3 決定顯著水準

這裡設定為5%。

4 畫出檢定統計量的分布

根據中央極限定理，小學5年級學生100人的平均身高分布呈現左圖的常態分配。

平均數148.5　變異數$\dfrac{7.8^2}{100}$

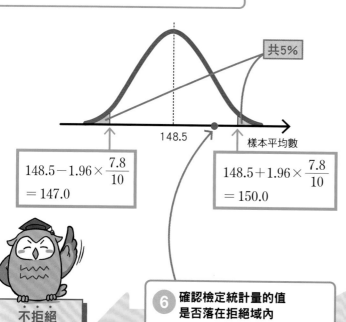

共5%

148.5　　　樣本平均數

$148.5-1.96\times\dfrac{7.8}{10}=147.0$

$148.5+1.96\times\dfrac{7.8}{10}=150.0$

5 設定拒絕域

由於對立假設主張「平均身高並非148.5cm」，因此在「虛無假設成立」的前提下，將對於對立假設有利的範圍塗上顏色。

6 確認檢定統計量的值是否落在拒絕域內

觀測值的平均身高149.2cm，結果並沒有落在拒絕域內。

不拒絕虛無假設

● 使用單尾檢定

例2　將左頁〔例1〕改為「以顯著水準5%，來檢定小學5年級兒童的平均身高增加」，那麼檢定結果會變得如何呢？

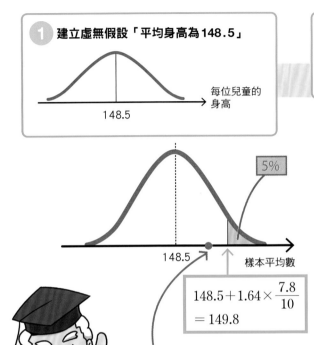

1 建立虛無假設「平均身高為148.5」

148.5

每位兒童的身高

2 建立對立假設

因為我們想要主張「身高增加」，所以對立假設為「平均身高大於148.5cm」。

5%

148.5　樣本平均數

$$148.5 + 1.64 \times \frac{7.8}{10} = 149.8$$

3 決定顯著水準

這裡設定為5%。

4 畫出檢定統計量的分布

根據中央極限定理，小學5年級學生100人的平均身高分布呈現左圖的常態分配。

平均數148.5　變異數$\dfrac{7.8^2}{100}$

5 設定拒絕域

由於對立假設主張「平均身高大於148.5cm」，因此在「虛無假設成立」的前提下，將對於對立假設有利的範圍塗上顏色。

6 確認檢定統計量的值是否落在拒絕域內

觀測值的平均身高149.2cm，結果並沒有落在拒絕域內。

不拒絕
虛無假設

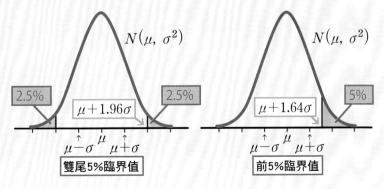

百分比　兩側5%臨界點＆前5%臨界點

　　在實際的檢定中，經常會利用5%和1%的機率；像右圖常態分配中的值稱為雙尾5%臨界值、前5%臨界值（➡P67）。使用5%及1%的機率沒有什麼特別原因，只是因為其效果較佳，而且是一個能夠讓人接受它為「罕見」的水準罷了。

$N(\mu, \sigma^2)$

2.5%　　$\mu + 1.96\sigma$　　2.5%

$\mu - \sigma$　μ　$\mu + \sigma$

雙尾5%臨界值

$N(\mu, \sigma^2)$

$\mu + 1.64\sigma$　5%

$\mu - \sigma$　μ　$\mu + \sigma$

前5%臨界值

p 值

統計分析一般都會利用電腦的統計分析軟體，在分析結果當中經常會出現「p值」這個名詞，雖然從字面上難以理解，但其實內容非常簡單。

● 何謂p值

　　基於虛無假設，在獲取的資料（檢定統計量的值）上得到對於對立假設有利資料的機率，便稱為p值。只要p值**小於顯著水準**，便拒絕虛無假設、接受對立假設；這裡利用類似上一節的具體例子來觀察。

> **例1** 全國小學5年級學生的平均身高在2000年為148.5cm、變異數為7.8²；由於飲食生活改變等因素，因此造成兒童的成長產生變化。於是我們從現代的小學5年級兒童當中隨機抽出100人，得到平均身高為150.0cm。針對小學5年級兒童的身高是否產生變化，在假設變異數不變的情況下，利用「顯著水準5％」來進行檢定。

① 建立虛無假設「平均身高為148.5」

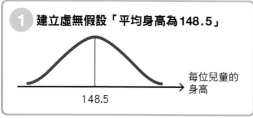

每位兒童的身高

148.5

② 建立對立假設

因為我們想要主張「身高產生變化」，所以對立假設為「平均身高並非148.5cm」。

③ 決定顯著水準

這裡設定為5％。

兩側p值相加

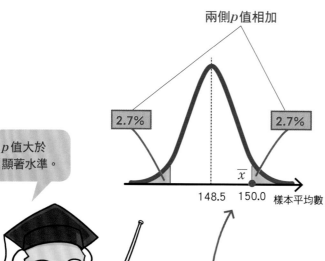

2.7%　　　2.7%

$\bar{x}$

148.5　150.0　樣本平均數

p值大於顯著水準。

利用統計分析工具

④ 畫出檢定統計量的分布

根據中央極限定理，小學5年級學生100人的平均身高分布呈現左圖的常態分配。

平均數 148.5　　變異數 $\dfrac{7.8^2}{100}$

⑤ 檢查是雙尾檢定或單尾檢定

由於對立假設主張「平均身高並非148.5cm」，因此採用雙尾檢定。

不拒絕虛無假設

⑥ 計算出p值，與顯著水準作比較

因為是雙尾檢定，計算出樣本平均數150.0的「兩側p值」。

p值 $= 0.0544\cdots = 5.4\%$

由此可知p值大於顯著水準5％（$= 0.05$）。

根據左頁〔例1〕的調查，p值以下圖表示。

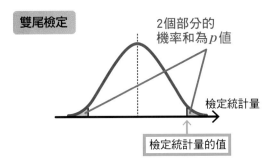

雙尾檢定

2個部分的機率和為p值

檢定統計量

檢定統計量的值

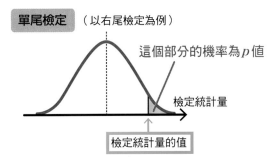

單尾檢定 （以右尾檢定為例）

這個部分的機率為p值

檢定統計量

檢定統計量的值

● 使用單尾檢定

例2 將左頁〔例1〕改為「以顯著水準5%，來檢定小學5年級兒童的平均身高增加」，那麼檢定結果會變得如何呢？

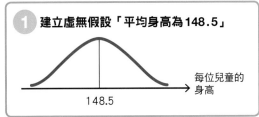

1 建立虛無假設「平均身高為148.5」

每位兒童的身高

148.5

2 建立對立假設

因為我們想要主張「身高增加」，所以對立假設為「平均身高大於148.5cm」。

3 決定顯著水準

這裡設定為5%。

p值小於顯著水準。

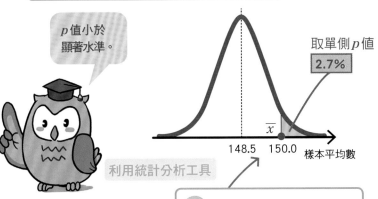

取單側p值

2.7%

$\overline{x}$

148.5　150.0　樣本平均數

利用統計分析工具

4 畫出檢定統計量的分布

根據中央極限定理，小學5年級學生100人的平均身高分布呈現左圖的常態分配。

平均數 148.5　變異數 $\dfrac{7.8^2}{100}$

6 計算出p值，計算出作比較

因為是右尾檢定，計算出樣本平均數150.0的「右側p值」計算出。

$p值 = 0.0272\cdots = 2.7\%$

由此可知p值小於顯著水準5%（$=0.05$）。

5 檢查是雙尾檢定或單尾檢定

由於對立假設主張「平均身高大於148.5cm」，因此採用右尾檢定。

接受
對立假設

經常採用p值的理由

　現今能夠利用電腦輕鬆計算出p值。過去需要利用多個表格，相當麻煩，因此才會以顯著水準5%及1%作為標準；目前p值已經能夠輕鬆地計算，下列函數為利用Excel計算上述單側p值的範例。

```
1-NORM.DIST(150.0,148.5, 0.78,TRUE)➡0.0272⋯
```

型一錯誤與型二錯誤

以機率作出決策的統計檢定中，當然也可能會犯下「錯誤」。經整理，錯誤可分下列2種。

型一錯誤	虛無假設成立，結果卻是「拒絕」虛無假設。
型二錯誤	虛無假設不成立，結果卻是「不拒絕」虛無假設。

型一錯誤　　　　　　　　　　　　型二錯誤

正確的假設　　拋棄了！　　拋棄失敗！　　錯誤的假設

確認一下2種「錯誤」類型吧。

● 犯下型一錯誤的機率為顯著水準

拒絕虛無假設，是在樣本調查的結果「落入拒絕域內時」才會成立；雖然我們將拒絕域的「機率 α」稱為**顯著水準**（→P77），但是縱然虛無假設正確，有時也會發生樣本調查的結果落入拒絕域的「機率 α」內；於是這時「犯下型一錯誤的機率」便等同於決定拒絕域的**顯著水準 α**。

當虛無假設正確時的檢定統計量機率分布

調查結果落入這裡的話，即便虛無假設 H_0 正確，仍會遭到拒絕。

拒絕域（機率 α）

● 型二錯誤以圖表示

要同時用圖表示對立假設 H_1 與虛無假設 H_0 兩種假設所顯示的分布，其實相當困難，我們從下列右尾檢定的假設來觀察便能明白。

虛無假設 H_0：母體平均數 $\mu = 5$
對立假設 H_1：母體平均數 $\mu > 5$

對立假設的「$H_1 : \mu > 5$」如右圖所示，並無法正確地顯示出來。

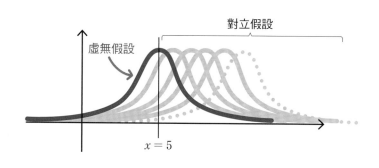

對立假設

虛無假設

$x = 5$

　這裡以 $\mu = 6$ 作為滿足「$H_1：\mu > 5$」的例子吧。換言之，就是以虛無假設H_0的「母體平均數 $\mu = 5$」與對立假設H_1的「母體平均數 $\mu = 6$」的例子來觀察，試著用圖來表示型一錯誤與型二錯誤，如下圖所示。

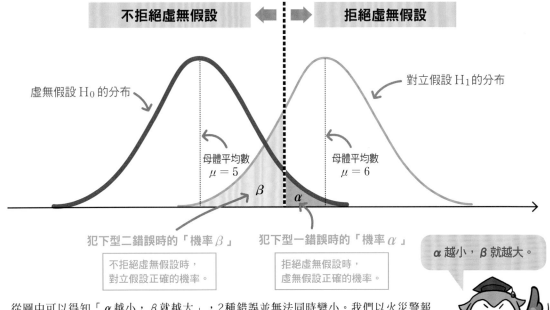

不拒絕虛無假設　◄━►　拒絕虛無假設

對立假設 H_1的分布

虛無假設 H_0 的分布

母體平均數 $\mu = 5$　　母體平均數 $\mu = 6$

β　α

犯下型二錯誤時的「機率 β」　　犯下型一錯誤時的「機率 α」

不拒絕虛無假設時，
對立假設正確的機率。

拒絕虛無假設時，
虛無假設正確的機率。

α 越小，β 就越大。

　從圖中可以得知「α 越小，β 就越大」，2種錯誤並無法同時變小。我們以火災警報器為例，若為了不放過任何一個出現火災的徵兆，而將火災警報器的感應器調整得較為靈敏時（讓 α 變小），那麼就會連不是火災的「微熱」也會出現反應（β 變大），從而造成誤報的情況增加了。

● 檢定力

　「當虛無假設H_0錯誤時，拒絕此假設的機率 γ」稱為**檢定力**。令「型二錯誤」的機率為 β，γ 與 β 之間的關係如下所示：

$$\gamma + \beta = 1$$

因此，下面的關係成立。

檢定力 $\gamma = 1 -$（型二錯誤的機率 β）

以圖來表示 α、β、γ 之間的關係如下所示。

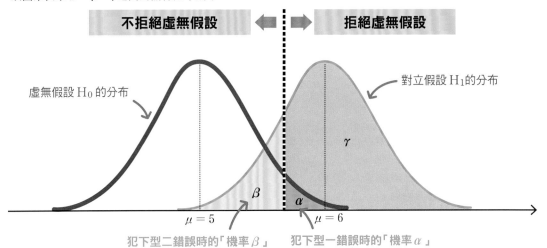

不拒絕虛無假設　◄━►　拒絕虛無假設

對立假設 H_1的分布

虛無假設 H_0 的分布

γ

β　α

$\mu = 5$　　$\mu = 6$

犯下型二錯誤時的「機率 β」　犯下型一錯誤時的「機率 α」

統計學人物傳 4 高斯

約翰·卡爾·弗里德里希·高斯（1777～1855），是著名的數學家、物理學家，以及天文學家，他對數學與科學貢獻卓越，可說是一名影響世界深遠的天才。在數學、電磁學、觀測天文學、光學等廣泛的專業領域中，都能看到以高斯命名的定理與法則。

據說高斯能夠在看到數字前便完成計算，擁有相當優異的數學才能。舉例來說，小學老師曾要求他計算出「從1加到100」的總和。

$$1+2+3+\cdots+98+99+100 = ?$$

據聞少年高斯在一瞬間便得到答案了；他所使用的方法，與目前高中所教的「**等差級數和**」的計算方法相同。令S代表總和，

$$
\begin{array}{r}
1+\ 2+\ 3+\cdots+\ 98+\ 99+100 = S \\
)100+\ 99+\ 98+\cdots+\ \ 3+\ \ 2+\ \ 1 = S \\
\hline
101+101+101+\cdots+101+101+101 = 2S
\end{array}
$$

算式左側有100個101，所以全部相加，便可得到100×101；於是可以求出S：

$$S = \frac{100 \times 101}{2} = 5050$$

約翰·卡爾·
弗里德里希·高斯
（1777～1855）

高斯在統計學的重大貢獻，莫過於最重要的**常態分配**研究上。例如在1809年所出版的《天體運行論》當中，他提出測量誤差為常態分配的論述，因此常態分配也被稱為**誤差分配**。

常態分配也稱為「**高斯分配**」，然而據傳最初提出常態分配的人，其實是亞伯拉罕·棣莫弗（1667～1754年），當時為1733年。「常態分配」一詞是在1889年由法蘭西斯·高爾頓提出；當外，「高斯分配」一詞則是在1905年受到**卡爾·皮爾森**所使用。

高斯所研究的常態分配活躍於各種統計學的領域，「中央極限定理」就是其中一例（➡P72）。舉例來說，為了要調查日本小學生壓歲錢的平均值，因此隨機選出100名兒童來調查平均數；只要不是在極為巧合的情況下，通常100名兒童的壓歲錢平均值不會與「日本全體的值」相同，然而此100人的平均值卻會以常態分配的形式分布，這就是「中央極限定理」。全憑此性質，使得我們得以根據100名兒童來預測全體壓歲錢的平均值。

當計算從1加到10的總和時，就會用到高斯的方法。

$$1+2+3+\cdots+8+9+10 = S$$

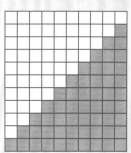

$$11+11+11+\cdots+11+11+11 = 2S$$

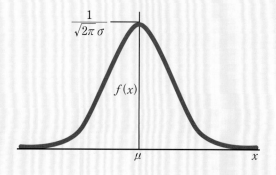

$$f(x) = \frac{1}{\sqrt{2\pi}\,\sigma} e^{-\frac{(x-\mu)^2}{2\sigma^2}}$$

5

深入了解
統計學

母體與樣本分配（母體平均數、變異數、樣本平均數）

在第4章已經說明過母體與樣本平均數的詳細內容，這裡再深入了解一般統計學的做法。

● 母數與統計量

母體是根據「平均數」、「變異數」、「眾數」、「中位數」等特定值來描述特徵；用來描述母體分配的特徵值稱為**母數**。其中，「母體的平均值」稱為**母體平均數**、「母體的變異數」稱為**母體變異數**（➡P70）。

之前曾經提過，從母體中隨機抽出「1個要素」，將這個值視為「變數」的話，它就是「隨機變數」（➡P70），而對應隨機變數的機率分布就稱為**母體分配**。

樣本也相同。它也是由「平均數」、「變異數」等數個「統計量」來描述特徵，從樣本所計算出來的量則稱為**統計量**。

統計量為根據選擇樣本的方式來決定值的「隨機變數」，對應此隨機變數的機率分布稱為**樣本分配**。關於樣本平均數的樣本分配，也已經於之前的內容詳述過（➡P71）。

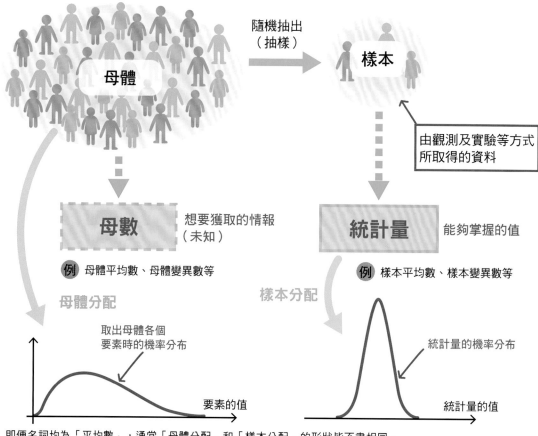

即便名詞均為「平均數」，通常「母體分配」和「樣本分配」的形狀皆不盡相同。

● 常態母體

一般而言，**實際上無從得知母體分配究竟為何種分配**，不過大部分都能假設它是什麼「形狀」；更進一步說，大多數都會**假設母體為常態分配**。

能夠將常態分配假設為母體分配的母體，稱為**常態母體**；只要作出這個假設，便能順利地進行統計學的討論。

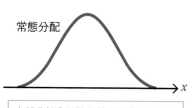

大部分都會假設母體分配為常態分配
（➡P66）

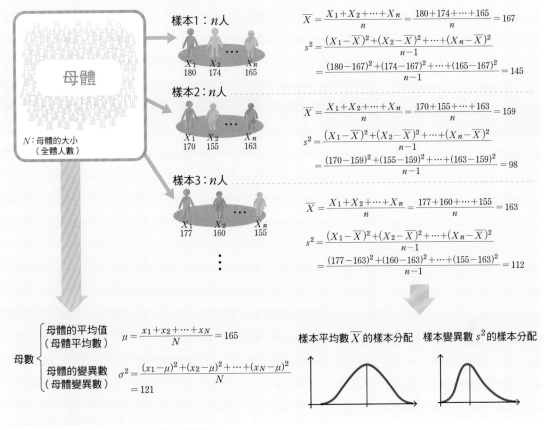

例 從日本全國高中1年級學生當中抽出大小為 n 的樣本，以調查其身高的平均數與變異數。此時母數為「平均數」與「變異數」，統計量則是「樣本平均數」（$\overline{X}$）與「樣本變異數」（s^2）。

樣本1：n 人

$$\overline{X} = \frac{X_1 + X_2 + \cdots + X_n}{n} = \frac{180 + 174 + \cdots + 165}{n} = 167$$

$$s^2 = \frac{(X_1 - \overline{X})^2 + (X_2 - \overline{X})^2 + \cdots + (X_n - \overline{X})^2}{n-1}$$

$$= \frac{(180 - 167)^2 + (174 - 167)^2 + \cdots + (165 - 167)^2}{n-1} = 145$$

樣本2：n 人

$$\overline{X} = \frac{X_1 + X_2 + \cdots + X_n}{n} = \frac{170 + 155 + \cdots + 163}{n} = 159$$

$$s^2 = \frac{(X_1 - \overline{X})^2 + (X_2 - \overline{X})^2 + \cdots + (X_n - \overline{X})^2}{n-1}$$

$$= \frac{(170 - 159)^2 + (155 - 159)^2 + \cdots + (163 - 159)^2}{n-1} = 98$$

樣本3：n 人

$$\overline{X} = \frac{X_1 + X_2 + \cdots + X_n}{n} = \frac{177 + 160 + \cdots + 155}{n} = 163$$

$$s^2 = \frac{(X_1 - \overline{X})^2 + (X_2 - \overline{X})^2 + \cdots + (X_n - \overline{X})^2}{n-1}$$

$$= \frac{(177 - 163)^2 + (160 - 163)^2 + \cdots + (155 - 163)^2}{n-1} = 112$$

N：母體的大小（全體人數）

母數 {
母體的平均值（母體平均數） $\mu = \frac{x_1 + x_2 + \cdots + x_N}{N} = 165$

母體的變異數（母體變異數） $\sigma^2 = \frac{(x_1 - \mu)^2 + (x_2 - \mu)^2 + \cdots + (x_N - \mu)^2}{N} = 121$
}

樣本平均數 $\overline{X}$ 的樣本分配　　樣本變異數 s^2 的樣本分配

【註】關於樣本變異數的分子為 $n-1$ 的說明，請參考 P92。

● 期望統計量

樣本平均數是用來推估「母體的平均值」（母體平均數），這表示樣本平均數為母體平均數的**估計量**。同樣地，樣本平均數會用來「檢定母體平均數」，這代表樣本平均數也是母體平均數的**檢定統計量**。

有人會問：「母體平均數的估計量及檢定統計量，除了『樣本平均數』之外，或許還有其他更好的統計量也說不定？」然而「樣本平均數」正是母體平均數最佳的估計量及檢定統計量，這是因為它具有右表中3個性質的緣故。

不偏性	雖然估計量為隨機變數，但卻有「期望值與母數相同」的性質
一致性	樣本的「大小 n」越大，估計量越具有「接近母數」的性質
有效性	雖然估計量為隨機變數，但卻有「變異數最小」的性質

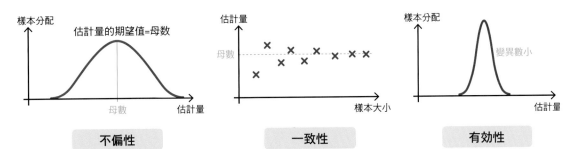

不偏變異數

有關樣本平均數，在之前已經詳細説明過（→P70、89）；本節將會介紹從樣本取得的變異數。

● 樣本平均數的不偏性

在上一節中曾經提到，「樣本平均數」為「母體平均數」的「最佳統計量」，其中一個理由是因為它具有**不偏性**的性質。這個性質十分重要，因此我們要再確認一次。

> **定理**　樣本平均數滿足以下的關係式：「樣本平均 $\overline{X}$ 的期望值」與母體平均數相同。

例1 從大小為 N 的「人類身高」母體 U 當中抽出數量為 n 的樣本，並計算其樣本平均數。下圖顯示此時的「樣本平均數期望值」，假設母體 U 的母體平均數為 165 cm。

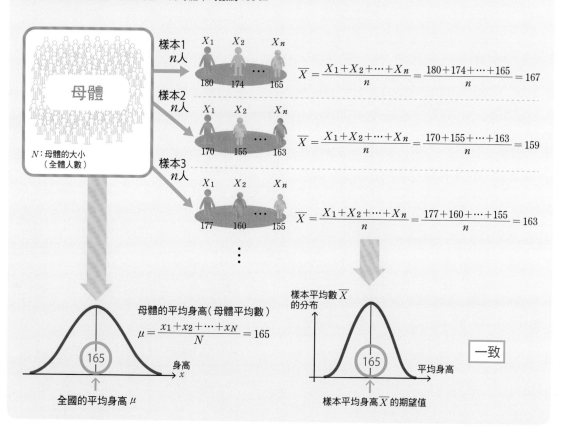

樣本1 n人
$$\overline{X} = \frac{X_1 + X_2 + \cdots + X_n}{n} = \frac{180 + 174 + \cdots + 165}{n} = 167$$

樣本2 n人
$$\overline{X} = \frac{X_1 + X_2 + \cdots + X_n}{n} = \frac{170 + 155 + \cdots + 163}{n} = 159$$

樣本3 n人
$$\overline{X} = \frac{X_1 + X_2 + \cdots + X_n}{n} = \frac{177 + 160 + \cdots + 155}{n} = 163$$

N：母體的大小（全體人數）

母體的平均身高（母體平均數）
$$\mu = \frac{x_1 + x_2 + \cdots + x_N}{N} = 165$$

全國的平均身高 μ

樣本平均數 $\overline{X}$ 的分布

一致

樣本平均身高 $\overline{X}$ 的期望值

● 不偏估計量

與樣本平均數相同，當統計量的期望值與母數相同時，此統計量便稱為這個母數的**不偏估計量**。

> 樣本平均數的期望值＝母體平均數
> 不偏估計量的期望值＝母數

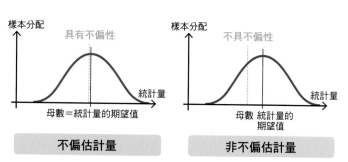

具有不偏性

母數＝統計量的期望值

不偏估計量

不具不偏性

母數　統計量的期望值

非不偏估計量

● 母體變異數的估計量為不偏變異數

想要計算樣本的變異數，必須利用下面的**不偏變異數**。「資料的變異數」及「母體的變異數」的計算式截然不同。

定理 不偏變異數滿足下列關係式：「不偏變異數 s^2 的期望值」與母體變異數相同。

　　觀察樣本的變異數時，分母為樣本數（n）減1，此稱為**自由度**；想要求出「不偏變異數」，必須除以自由度才行。

　　樣本的變異數會如此定義，是因為不偏變異數會變成不偏估計量的緣故；我們以下面的例子來確認當中的涵義吧。

公式　**不偏變異數**
$$s^2 = \frac{(X_1 - \overline{X})^2 + (X_2 - \overline{X})^2 + \cdots + (X_n - \overline{X})^2}{n-1} \cdots (1)$$
（n 為樣本的大小，$\overline{X}$ 為樣本平均數）

公式　**母體變異數**（➡ P70）
$$\sigma^2 = \frac{(x_1 - \mu)^2 + (x_2 - \mu)^2 + \cdots + (x_N - \mu)^2}{N}$$
（N 為母體要素的個數，μ 為母體的平均值）

例2 在〔例1〕當中，觀察不偏變異數就是不偏估計量的涵義。假設母體變異數為 121 cm²。

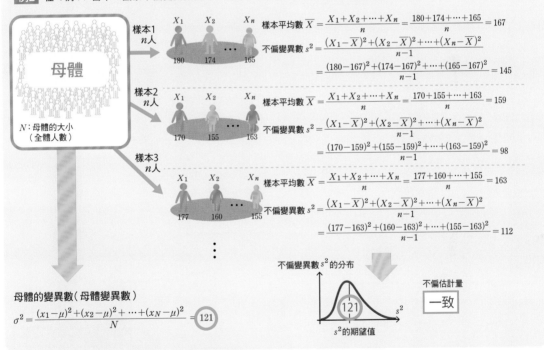

● 為何不偏變異數的分母為 $n-1$？

　　具備不偏性的變異數，也就是不偏變異數的定義，在〔公式（1）〕當中的變異數分子有以下含義。

變異數的分子 $= (X_1 - \overline{X})^2 + (X_2 - \overline{X})^2 + \cdots + (X_n - \overline{X})^2$

雖然這裡是 $\overline{X} = \dfrac{X_1 + X_2 + \cdots + X_n}{n}$、

但是根據 $X_1 + X_2 + \cdots + X_n = n\overline{X}$，我們得到

$(X_1 - \overline{X}) + (X_2 - \overline{X}) + \cdots + (X_n - \overline{X}) = 0 \cdots (2)$

關係是以 $(X_1 - \overline{X}) + (X_2 - \overline{X}) + \cdots + (X_n - \overline{X}) = 0$ 連結在一起。

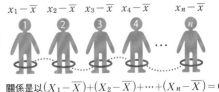

我們無法任意移動！（自由度 $n-1$）

　　換句話說，變異數的各項分子受到〔算式（2）〕的限制，能夠自由移動的只有 $n-1$ 個而已；這裡的 $n-1$ 稱為自由度。儘管變異數為「偏差平方」的期望值，然而為了平均就必須除以自由度才行（詳細內容請參考次節）。

資料的自由度

從大小為 n 的樣本所獲得的不偏變異數，是根據偏差的平方和除以 $n-1$ 計算出來的，這裡的 $n-1$ 稱為「自由度」。在上一節中已經對自由度做過簡單的說明，本節將詳細介紹內容。

● 確認不偏性

上一節說明樣本平均數與不偏變異數具有「期望值＝母數」的**不偏性質**，我們以下面的例子來確認不偏性所代表的意義。

A縣15歲男子的體重
母體平均數60kg
母體變異數 10^2

> **例1** A縣15歲男子的平均體重 μ 為60kg、變異數 σ^2 為 10^2。令A縣的男子為母體，從中抽出數量為5的樣本 X_1、X_2、…、X_5。我們透過這個例子，確認不偏變異數是否具備不偏性。此外，樣本平均數 $\overline{X}$、不偏變異數 s^2 的定義如下（這裡的 $n=5$）。

公式

$$樣本平均數 \ \overline{X} = \frac{X_1 + X_2 + \cdots + X_n}{n} \cdots (1)$$

$$不偏變異數 \ s^2 = \frac{(X_1 - \overline{X})^2 + (X_2 - \overline{X})^2 + \cdots + (X_n - \overline{X})^2}{n-1} \cdots (2)$$

$$\overline{X}_1 \quad \overline{X}_2 \quad \overline{X}_3 \quad \overline{X}_4 \quad \overline{X}_5$$

實際用電腦生成的3,000組樣本，按照10組、20組、30組……的順序，計算出不偏變異數〔公式（2）〕，並求出個別的平均值後製成圖表。當取出的組數夠多時，不偏變異數的平均值會近似於它的期望值。如下圖所示，3,000組的平均數幾乎和母體變異數 10^2 一致，因此，可以確認不偏變異數具有不偏的性質。

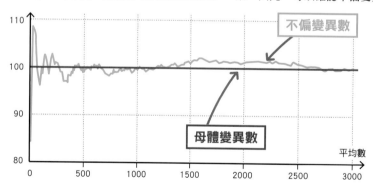

不偏變異數

母體變異數

平均數

> 將3000組的樣本不偏變異數 s^2 以每10個樣本計算平均數並製成圖表。隨著樣本的組數逐漸增加，不偏變異數 s^2 也會跟著接近母體變異數 10^2，如此便能看出不偏變異數的不偏性了（利用Excel計算後，以圖呈現結果）。

● 利用計算來確認不偏變異數具有不偏性

接著利用計算來確認一下不偏變異數具有不偏性，我們的目標為「不偏變異數 s^2 的期望值與母體變異數 σ^2 呈現一致」。要證明這個結果，必須進行一些計算，這裡省略繁瑣的計算過程，而由〔公式（2）〕不偏變異數 s^2 的分子中「偏差平方和」的期望值開始介紹。

$(X_1 - \overline{X})^2 + (X_2 - \overline{X})^2 + \cdots + (X_n - \overline{X})^2$ 的期望值

$= n\sigma^2 - n \times (\overline{X}$ 的變異數的期望值$) \cdots (3)$

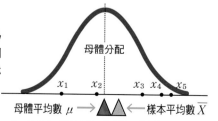

母體分配

$x_1 \quad x_2 \qquad x_3 \ x_4 \ x_5$

母體平均數 $\mu \longrightarrow$ ◀── 樣本平均數 $\overline{X}$

> 母體平均數 μ 與樣本平均數 $\overline{X}$ 出現偏差。這個偏差的變異數為（3）的第2項。

算式〔3〕右邊第2項是由母體平均數 μ 與樣本平均數之間的偏差所產生的。實際經過計算之後，右邊第2項會變成母體變異數 σ^2，因此〔算式（3）〕如下所示：

$$(X_1-\overline{X})^2+(X_2-\overline{X})^2+\cdots+(X_n-\overline{X})^2 \text{ 的期望值} = n\sigma^2-\sigma^2=(n-1)\sigma^2 \cdots (4)$$

接著再代入 s^2 的〔公式（2）〕當中，得到不偏變異數 s^2 的不偏性如下所示：

$$不偏變異數 s^2 的期望值 = \frac{1}{n-1}(n-1)\sigma^2=\sigma^2 \cdots (5)$$

由此可知，不偏變異數 s^2 的分母不是 n、而是 $n-1$ 的原因為何。

自由度的導入

由導出〔算式（3）〕的過程中我們可以得知，〔算式（3）〕右邊第2項是在 $X_1,X_2,\overline{X}\cdots$ 不是獨立的條件下產生出來的。因為在上節已經提過，〔公式（1）〕具有下面這層關係。

$$(X_1-\overline{X})+(X_2-\overline{X})^2+(X_3-\overline{X})+\cdots+(X_n-\overline{X})=0$$

然而，這個限制條件產生出〔算式（3）〕右邊的第2項，由於期望值為 σ^2，而使得上述〔算式（4）（5）〕成立，因此將它轉換成下面的公式。

公式

觀察大小為 n 的樣本 $X_1,X_2,\cdots,X_n$。當 $X_1,X_2,\cdots X_n$ 具有 k 個限制條件時，就會有 $n-k$ 個**自由度**。此時下面的 s^2 具備不偏性質（也就是不偏變異數）。

$$s^2 = \frac{(X_1-\overline{X})^2+(X_2-\overline{X})^2+\cdots+(X_n-\overline{X})^2}{自由度} \cdots (6)$$

導入自由度的概念會做出較佳的估計，此〔公式（6）〕中 s^2 的不偏性質對於之後即將介紹的變異數分析相當重要（➡P102）。接著我們以下面的實例來觀察使用方法吧。

例2 假設左下的樣本為同一母體中所得到的12個數值，將它們分為A、B、C3組，計算各組的平均數（組平均），並將各組的偏差記錄在右表當中；最後根據右表的「組內偏差」計算出「不偏變異數」。

樣本

編號	組別		
	A	B	C
1	49	56	51
2	47	54	55
3	46	61	57
4	50	57	53
組平均	48	57	54

組內偏差

編號	組別		
	A	B	C
1	1	-1	-3
2	-1	-3	1
3	-2	4	3
4	2	0	-1

利用「樣本」表格的組平均，計算出右方「組內偏差」值。例如，B組第2個值為：

$$54 - 57 = -3$$

想要求出「組內偏差」的不偏變異數，首先就要計算出資料的「自由度」。儘管樣本大小 n 為 $3×4=12$，可是「因為各組內的總和為偏差的集合所以為0」，因此要加上3個限制條件，故自由度的計算如下。

$$自由度 = 12-3 = 9$$

接著，「組內偏差」的偏差平方和〔公式（6）〕的分子）為：

$$1^2+(-1)^2+(-2)^2+2^2+(-1)^2+(-3)^2+4^2+0^2$$
$$+(-3)^2+1^2+3+(-1)^2 = 56$$

因此，根據〔公式（6）〕得到，不偏變異數的值 $s^2 = \dfrac{56}{9}$ **答**

組內偏差

編號	組別		
	A	B	C
1	1	-1	-3
2	-1	-3	1
3	-2	4	3
4	2	0	-1

條件1　條件2　條件3

和為0

小樣本的母體平均數的估計（t分配）

之前已經介紹過大樣本母體平均數的估計方法（→P74），本節會說明從「小樣本」估計母體平均數的方法，將會用運到t分配的性質。

● t分配

以下介紹本節利用的機率分配t分配。

公式

下列公式為機率密度函數所表示的分布，稱為「t分配」。c為自然常數，稱為「自由度」。

$$t分配 \ f(c, x) = k\left(1 + \frac{x^2}{c}\right)^{-\frac{c+1}{2}} \quad （c為自然常數，k是由c決定的常數。）\cdots (1)$$

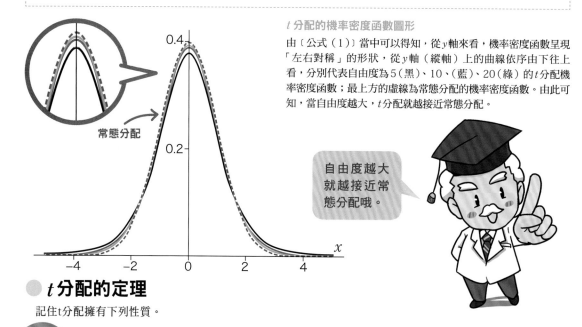

t分配的機率密度函數圖形

由〔公式（1）〕當中可以得知，從y軸來看，機率密度函數呈現「左右對稱」的形狀，從y軸（縱軸）上的曲線依序由下往上看，分別代表自由度為5（黑）、10（藍）、20（綠）的t分配機率密度函數；最上方的虛線為常態分配的機率密度函數。由此可知，當自由度越大，t分配就越接近常態分配。

> 自由度越大就越接近常態分配哦。

● t分配的定理

記住t分配擁有下列性質。

定理

有一組由服從常態分配的母體當中得到「大小為n」的樣本；令樣本平均數為$\overline{X}$、不偏變異數為s^2（標準差為s）。此時右方的變數T服從「自由度$n-1$」的t分配。

$$T = \frac{\overline{X} - \mu}{\frac{s}{\sqrt{n}}} \quad （\mu為母體平均數）\cdots (2)$$

以下面的模擬過程，來確認上述定理是否真的成立。

例1 利用電腦，由服從常態分配$N(5, 2^2)$的母體當中抽出10個樣本，進行10000次的模擬，以計算〔公式（2）〕的T，並將獲得的10000個T值，以直方圖表示其「相對次數分配」。接著再將自由度為9（=10-1）的t分配圖重疊上去，確認兩者是否恰好重疊在一起。

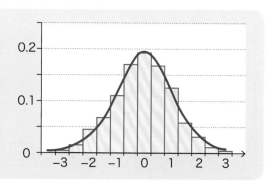

● 以範例來觀察

當樣本數量較大時，固然可以利用「中央極限定理」（→P72）；不過當樣本量較小時，便會利用左頁的定理來「估計」母體平均數。

> **例2** 為了要了解A市國中3年級男生體重的平均值，因此隨機抽出9名學生並測量體重，得到以下的數值。
>
> 53.0, 51.5, 47.0, 54.5, 44.0, 53.0, 45.5, 56.0, 45.5
>
> 根據這個樣本，計算出男生體重平均值可靠度95％的信賴區間。這裡假設A市國中3年級男生的體重近似常態分配。

與之前介紹的方法步驟相同（→P74），我們得到可靠度95％的信賴區間為 $46.5 \leq \mu \leq 53.5$。

1 **調查母體分配**

根據「A市國中3年級男生的體重近似常態分配」的假設，將母體分配視為常態分配。

2 **調查用於估計的統計量所服從的樣本分配**

根據①的結論，可以假設母體分配為常態分配，因此用於估計的統計量如下：

$$T = \frac{\overline{X} - \mu}{\frac{s}{\sqrt{n}}}$$

（μ為母體平均數、$\overline{X}$為樣本平均數、s^2為不偏變異數）

這裡的樣本大小n為9，因此T服從自由度為8的t分配。

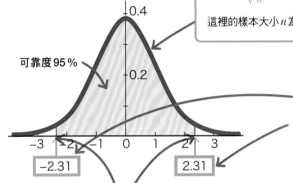

可靠度95％

−2.31　　2.31

3 **調查②的樣本分配中，在已知的可靠度下統計量出現的範圍。**

利用表格或統計分析軟體求出。

4 **利用公式表示②的統計量落在③的範圍內，並代入觀測及實驗所獲取的值**

由於②的統計量T落在③的範圍內，因此 $-2.31 \leq T \leq 2.31$

利用T的〔公式（2）〕，得到 $-2.31 \leq \dfrac{\overline{X} - \mu}{\frac{s}{\sqrt{n}}} \leq 2.31$

以μ為中心進行轉換，得到 $\overline{X} - 2.31 \times \dfrac{s}{\sqrt{n}} \leq \mu \leq \overline{X} + 2.31 \times \dfrac{s}{\sqrt{n}}$

將觀測獲取的值（$\overline{X} = 50.0$、$n = 9$、$s = 4.5$）代入，計算後得到 $\underline{46.5 \leq \mu \leq 53.5}$ **答**

確認統計量的計算

從已知的9人資料中，可以得到下面這些必要的統計量：

「樣本平均數$\overline{X}$」的值 $= \dfrac{53.0 + 51.5 + \cdots + 45.5}{9} = 50.0$

「不偏變異數s^2」的值 $= \dfrac{(53.0 - 50.0)^2 + (51.5 + 50.0)^2 + \cdots + (45.5 + 50.0)^2}{9 - 1} = 20.25$

「標準差s」的值 $= \sqrt{20.25} = 4.5$

母體比例估計

母體比例估計，可應用在調查內閣的支持度、工業產品的良率、吸煙率等，這類根據樣本估計「母體比例」的問題上。

母體比例與樣本比例

我們從日本成人的吸煙率來觀察。吸煙率是用來表示當詢問成人是否吸煙時，答案為肯定的比例。在「是」與「否」所組成的母體當中，「是」的比例R稱為**母體比例**。

因為我們無法調查所有人，所以這裡採取樣本調查；抽出100人詢問「是否吸煙」，回答「是」的人共有40位。此時樣本的吸煙率為：

$$樣本的吸煙率\ r = \frac{樣本中回答「是」的人數}{樣本大小}$$

$$= \frac{40}{100} = 0.4 = \underline{40\%}$$

這裡的40%（$=0.4$）稱為**樣本比例**。

調查「是」的比例哦。

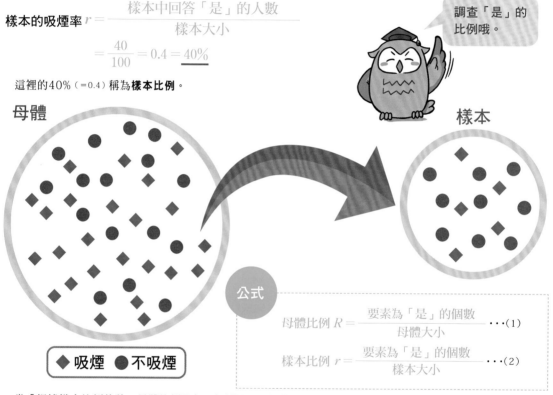

母體　**樣本**

◆ 吸煙　● 不吸煙

公式

$$母體比例\ R = \frac{要素為「是」的個數}{母體大小} \quad \cdots(1)$$

$$樣本比例\ r = \frac{要素為「是」的個數}{樣本大小} \quad \cdots(2)$$

當「根據樣本比例估計」母體比例R時，會利用以下的定理。

定理

在「是」與「否」所組成的母體中，令「是」的比例（母體比例）為R；從母體中抽出大小為n的樣本，令樣本中「是」的個數為X。當n較大時，X服從期望值nR、變異數$nR(1-R)$的常態分配。

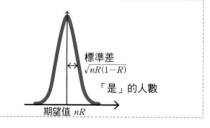

標準差
$\sqrt{nR(1-R)}$

「是」的人數

期望值 nR

以範例來觀察

例1 在日本煙草產業公司（JT）以19,064人為對象所做的吸煙調查當中，發現日本成人有4,137人會吸煙。試求全國日本成人吸煙率R在可靠度95％時的信賴區間。

與之前介紹的方法步驟相同（➔P74），我們得到可靠度95%的信賴區間為 $0.211 \leq R \leq 0.223$。

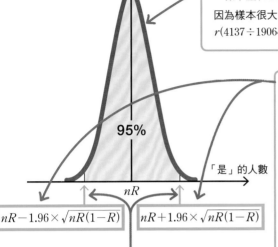

1 調查母體分配

由「是」與「否」所組成的母體。

2 調查用於估計的統計量所服從的樣本分配

根據左頁的定理，用於估計的統計量為「是」的個數 X，因此服從下面的常態分配。

期望值 $nR = 19064 \times R$

變異數 $nR(1-R) = 19064 \times 0.217 \times (1-0.217) = 3239.2$

標準差 $\sqrt{3239.2} = 56.9$

因為樣本很大，所以變異數的計算是利用樣本比例 $r(4137 \div 19064 = 0.217)$ 作為母體比例 R 的值。

95%

「是」的人數

nR

$$nR - 1.96 \times \sqrt{nR(1-R)}$$ $$nR + 1.96 \times \sqrt{nR(1-R)}$$

3 調查②的樣本分配中，在已知的可靠度下統計量出現的範圍。

雖然可以利用統計軟體（例如Excel）計算，不過我們在這裡利用一下有名的常態分配百分比特性吧（➡ P67）。

常態分配

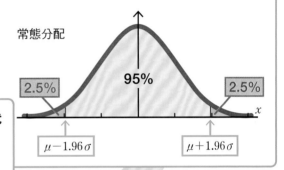

2.5% 95% 2.5%

$\mu - 1.96\sigma$ $\mu + 1.96\sigma$

4 利用公式表示②的統計量落在③的範圍內，並代入觀測及實驗所獲取的值

用算式表示③的範圍。

$$19064R - 1.96 \times 56.9 \leq X \leq 19064R + 1.96 \times 56.9$$

轉換為求出 R 的算式。

$$X - 1.96 \times 56.9 \leq 19064R \leq X + 1.96 \times 56.9$$

將觀測值 $X = 4137$ 代入這個算式內。

$$4137 - 1.96 \times 56.9 \leq 19064R \leq 4137 + 1.96 \times 56.9$$

經過計算，得到在 95% 的機率（也就是**可靠度**）下成立的估計式（也就是**信賴區間**）如下：

$$\underline{0.211 \leq R \leq 0.223}$$ 答

當可靠度為 99% 時，要將 1.96 換成 2.58（➡第67頁）。

● 母體比例估計的公式

由於實務上經常會使用到「母體比例的估計」，因此這裡將它公式化。

公式

當樣本的「大小 n」夠大，若樣本比例為 r，那麼母體比例 R 的信賴區間如下所示：

$$r - 1.96\sqrt{\frac{r(1-r)}{n}} \leq R \leq r + 1.96\sqrt{\frac{r(1-r)}{n}} \quad \cdots \text{（3）}$$

（母體比例 R 在可靠度95%時的信賴區間）

例2 為了調查日本全國飼養寵物的比例，於是抽出 500 個樣本，得到樣本比例為 0.62。根據這個結果，在可靠度 95% 的條件下，估計出日本全國飼養寵物的比例 R。

根據〔公式（3）〕，我們得到可靠度 95% 的信賴區間如下：

$$0.62 - 1.96\sqrt{\frac{0.62(1-0.62)}{500}} \leq R \leq 0.62 + 1.96\sqrt{\frac{0.62(1-0.62)}{500}}$$

因此，信賴區間為 $\underline{0.58 \leq R \leq 0.66}$ 答

小樣本的母體平均數的檢定（t檢定）

之前已經介紹過檢定大樣本母體平均數的方法（➡P80），本節會說明檢定「小樣本」母體平均數的方法，此時會利用「t檢定」。

● 以範例來觀察

先介紹利用t分配（➡P94）所進行的**母體平均數的檢定**（t檢定）。所謂的「母體平均數的檢定」，是指母體平均數「是否與某個值相同」、或是「從某個值開始變化」，為檢查母體平均數與「某個值之間關係」的方法（➡P76）；這裡假設母體為常態母體（➡P88），而母體變異數未知。此為現實生活中運用於各種領域的檢定方法。

例1 某工廠的生產線所製造的保特瓶平均容量為500㎖，可是對此感到懷疑的管理人員為了要進行驗證，因此隨機抽出了9瓶，並得到以下結果。

502.2, 501.6, 499.8, 502.8, 498.6,
502.2, 499.2, 503.4, 499.2

這裡的樣本平均數為501.0㎖。根據這個結果，我們以顯著水準5%，來檢定是否能夠斷言「容量不等於500㎖」。此外，假設容量服從常態分配。

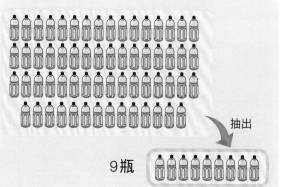

抽出

9瓶

與之前介紹的方法步驟相同（➡P80），我們得到「接受（不拒絕）容量為500㎖」的結果。

1 建立虛無假設

「容量為500㎖」就是虛無假設。換言之，當容量的母體平均數為μ時，

母體平均數 $\mu = 500$

2 母體平均數

由於要檢定「容量為500㎖」是錯誤，因此對立假設為：

母體平均數 $\mu \neq 500$

3 決定顯著水準

顯準水準為5%。

4 確認檢定統計量所服從的分配

因為母體分配為常態分配，下面的檢定統計量 T 服從自由度為8（＝樣本大小－1）的t分配（➡P94）。

$$T = \frac{\overline{X} - \mu}{\frac{s}{\sqrt{n}}} \quad (\overline{X} \text{ 為樣本平均數})$$

μ為母體平均數、n為樣本的大小9。

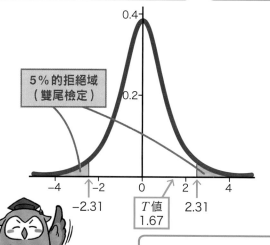

5%的拒絕域
（雙尾檢定）

-2.31　　T值 1.67　　2.31

不拒絕
虛無假設

6 確認檢定統計量的值是否落在拒絕域內

從觀測值中求出的 T（稱為 **T值**）1.67 並沒有落在拒絕域內，因此不拒絕虛無假設。

5 設定拒絕域

由於對立假設為「母體平均數$\mu \neq 500$」，因此拒絕域為圖中有顏色的部分，也就是：

$-2.31 > T$、$2.31 < T$

使用單尾檢定

〔例1〕是採取雙尾檢定（→P80），接著再以相同的例子進行單尾檢定（→P81）吧。

> **例2** 在左頁的〔例1〕中，將條件「容量不等於500mℓ」換成「容量大於500mℓ」來進行檢定。

與之前介紹的方法步驟相同（→P81），結果與〔例1〕的雙尾檢定同為「接受（不拒絕）容量為500mℓ」（參考下圖）。

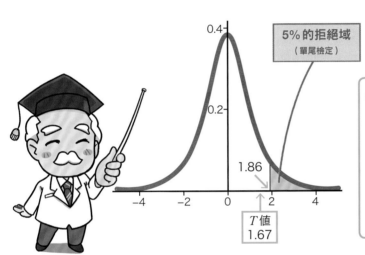

1 建立虛無假設

「容量為500mℓ」就是虛無假設。換言之，當容量的母體平均數為μ時，

母體平均數 $\mu = 500$

2 母體平均數

由於要檢定「容量為500mℓ」是錯誤的，因此對立假設為：

母體平均數 $\mu > 500$

3 決定顯著水準

顯準水準為5%。

5%的拒絕域
（單尾檢定）

1.86

T值
1.67

4 確認檢定統計量所服從的分配

因為母體分配為常態分配，所以下面的檢定統計量 T 服從自由度為8（＝樣本大小－1）的 t 分配（→P94）。

$$T = \frac{\overline{X} - \mu}{\frac{s}{\sqrt{n}}} \quad (\overline{X}\text{ 為樣本平均數})$$

μ 為母體平均數、n 為樣本的大小9。

6 確認檢定統計量的值是否落在拒絕域內

從觀測值中所求出的 T（稱為 **T值**）1.67 並沒有落在拒絕域內，因此不拒絕虛無假設。

不拒絕虛無假設

5 設定拒絕域

由於對立假設為「母體平均數 $\mu \neq 500$」，因此拒絕域為圖中有顏色的部分，也就是 $1.86 < T$。

確認統計量的計算

從已知的9筆資料中，可以得到下面這些必要的統計量。

「樣本平均數$\overline{X}$」的值＝$\dfrac{502.2+501.6+499.8+\cdots+499.2}{9}=501.0$

「不偏變異數s^2」的值＝$\dfrac{(502.2-501.0)^2+(501.6-501.0)^2+\cdots+(499.2-501.0)^2}{9-1}=3.24$

「標準差s」的值＝$\sqrt{3.24}=1.80$

「T值」＝$\dfrac{501.0-500}{\frac{1.80}{\sqrt{9}}}=1.67$

母體比例的檢定

即便有人提出「內閣支持率為22%」、「這枚銅板出現正面的機率為0.5」等意見，若要判斷這些說法是否正確，必須要經過檢定才行。當對於母體的比例（母體比例➡P96）有所質疑，或是想要進行確認時，此時所利用的檢定方法就是母體比例的檢定，本節將以下面的具體實例來說明做法。

> **例**　某餅乾工廠在去年進行的全國調查中，得知「吃過該公司新產品的人」的比例為21%。今年在經過觀察之後，認為有更多的人吃過該公司的新產品，於是便隨機抽出100人進行調查，當中有29人回答「曾經吃過」；根據這個結果，以顯著水準5%來檢定我們是否可以斷定「吃過新產品的人數比例大於21%」。

● 利用與母體比例估計相同的方法來解答

以下利用下面的定理（➡P90），來進行「母體比例估計」的檢定作業吧。

> **定理**　在「是」與「否」所組成的母體中，令「是」的比例（母體比例）為R；從母體中抽出大小為n的樣本，令樣本中「是」的個數為X。當n較大時，X服從期望值nR、變異數$nR(1-R)$的常態分配。

利用與目前為止相同的檢定步驟（➡P98）來進行檢定作業。

1 建立虛無假設

以「曾經吃過新產品的比例等於21%」作為虛無假設。換言之，當母體比例為R時，
　母體比例 $R = 0.21$

2 建立對立假設

由於想要檢定「曾經吃過新產品的比例，大於21%」，因此對立假設為：
　母體比例 $R > 0.21$

3 決定顯著水準

顯著水準為5%。

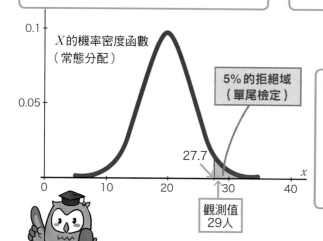

X的機率密度函數（常態分配）

5%的拒絕域（單尾檢定）

27.7

觀測值 29人

4 確認檢定統計量所服從的分配

根據上面的定理，檢定統計量「曾經吃過」的人數X服從下面的常態分配。

　母體比例 $nR = 100 \times 0.21 = 21$
　變異數 $nR(1-R) = 100 \times 0.21 \times (1-0.21) = 16.59$
　標準差 $= \sqrt{16.59} = 4.07$

5 設定拒絕域

由於對立假設主張「母體比例$R > 0.21$」，因此拒絕域為圖中有顏色的前5%部分，也就是$27.7 < X$。

6 確認檢定統計量的值是否落在拒絕域內

從觀測值中求出的X值29落在拒絕域內。

拒絕虛無假設，因此我們可以認為「吃過新產品的人數比例大於21%」。

小樣本時的母體比例檢定

先前的解法是利用關於母體比例的「常態分配定理」，接著試著以**重複試驗定理**（➡P64）來分析。這種方式在檢定「小樣本」的母體比例時相當有效果。

「重複試驗定理」的定義如下。

定理 假設事件 A 在試驗 T 中發生的機率為 p。在重複 n 次的試驗 T 時，事件 A 出現的次數為 r。此時事件 A 發生的機率可由下列公式求出。

$$C^n_r p^r (1-p)^{n-r} \cdots (1)$$

【註】nCr 為二項係數（➡P56）。

正面出現機率為 p 的銅板

重複 n 次「擲出1枚銅板」的試驗 T

| 正 | 反 | 正 | 正 | 反 | $\cdots$ | 正 | 反 |

每個機率 $\quad p \quad 1-p \quad p \quad p \quad 1-p \quad\quad p \quad 1-p$

正面 r 次、反面 $n-r$ 次

擲出 n 次，正面出現 r 次的機率 $\quad C^n_r p^r (1-p)^{n-r}$

這裡的次數 r 所服從的分配〔公式（1）〕稱為**二項分配**，我們可以利用這個機率分配直接（不利用近似常態分配的方式）進行檢定。

以二項分配檢定小樣本的母體比例

根據上面的定理，當從回答「是」的比例為 R（母體比例）的母體中抽出100人時，實際回答「是」的人數 X 的值為 x，其機率分配如下所示：

$$C^{100}_x R^x (1-R)^{100-x}$$

我們可以利用這個機率分配，進行下圖左頁〔範例〕中的檢定。

1 建立虛無假設

以「曾經吃過新產品的比例等於21％」作為虛無假設。換言之，當母體比例為 R 時，

母體比例 $R = 0.21$

2 建立對立假設

由於想要檢定「曾經吃過新產品的比例大於21％」，因此對立假設為：

母體比例 $R > 0.21$

3 決定顯著水準

顯著水準為5％。

5％的拒絕域（單尾檢定）

4 確認檢定統計量所服從的分配

根據上面的〔公式（1）〕，來檢定統計量「曾經吃過」的人數 r 服從圖中顯示的分配（二項分配）。

拒絕虛無假設，因此我們可以認為「吃過新產品的人數比例大於21％」。

6 確認檢定統計量的值是否落在拒絕域內

從觀測值中求出的 X 值29落在拒絕域內。

5 設定拒絕域

由於對立假設主張「母體比例 $R > 0.21$」，因此拒絕域為圖中有顏色的前5％部分，也就是 $28 < X$。

變異數分析

「**變異數分析**」在實驗等統計分析上發揮相當重要的功能，本節將介紹一種稱為「**單因子變異數分析**」的分析方法。

● 何謂單因子變異數分析

例 為了要調查新種類的稻米和A、B、C3種肥料的效果如何，於是準備了一塊像右圖這種3×4＝12格的「實驗稻田」。每個區塊各分配1公畝（100m²）的面積，由左至右各投入4個A、B、C的肥料。接著經過半年，直到秋天收成時，便獲得如圖中顯示的「平均收穫量」（單位為kg）；當中以「肥料B」的稻田平均收穫量最大。以下有2種結論：
「肥料B的效果最好」
「此為統計誤差」
試問該做出哪種結論呢？

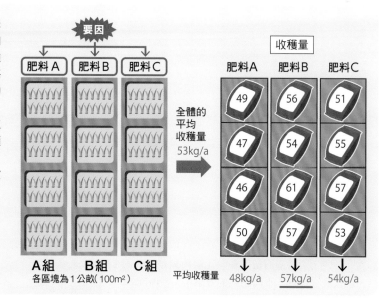

像這樣針對實驗資料找出「純粹偶然」或「絕非偶然」的統計結果，就是**變異數分析**的功能。

屬於「肥料A」的「4組資料」稱為**A組**；同樣地，「肥料B」的資料為**B組**、「肥料C」的資料為**C組**。此外，肥料A、B、C稱為各組的**要因**。

【註】這裡的「組別」也稱為**群組**或**水準**，而「要因」也稱為**因子**。

● 資料分解

變異數分析基本上會將每個獲得的資料值，分解成如右圖的方式。

組間偏差是指「各組平均數」減去「全體平均數」的值，而**組內偏差**則是「每筆資料值」減去「各組平均值」的值。試著利用這個〔例子〕來進行分解吧。

變異數分析

全體平均數	各組平均數 －全體平均數	每筆資料值 －各組平均數

組間偏差
（要因不同而造成的效果）　組內偏差
（統計誤差）

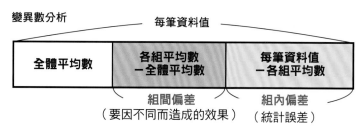

原始資料的「平均值」（全體平均數）

「組平均數」48減去「全體平均數」53的值

「資料值」49減去「組平均數」48的值，亦即49－48＝1

原始資料

區塊	肥料 A	B	C
1	49	56	51
2	47	54	55
3	46	61	57
4	50	57	53
組平均	48	57	54

＝

全體平均數

區塊	肥料 A	B	C
1	53	53	53
2	53	53	53
3	53	53	53
4	53	53	53

＋

組間偏差

區塊	肥料 A	B	C
1	-5	4	1
2	-5	4	1
3	-5	4	1
4	-5	4	1

（各組平均數－全體平均數）

＋

組內偏差

區塊	肥料 A	B	C
1	1	1	-3
2	-1	-3	1
3	-2	4	3
4	2	0	-1

（每筆資料值－各組平均數）

「變異數分析」中,最重要的就是**組間偏差和組內偏差**。因為組間偏差是用來表示各組平均數的分布程度,所以可以將其視為「不同肥料的效果」（一般是指不同要因的效果）;組內偏差是用來表示在同一條件下的資料分布程度,因此可以當作「偶然的分布」（統計誤差）。

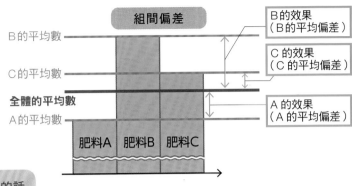

用圖來表示的話就如右圖所示。

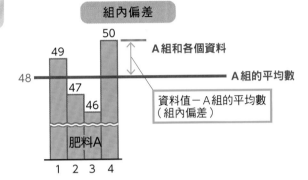

由此可知,若全部的組間偏差比組內偏差更大的話,就代表它具有「不同肥料的效果」（不同要因的效果）。反之,若全部的組間偏差比組內偏差還小,就表示「不同肥料的效果」（不同要因的效果）隱含著一些偶然的分布。

● 各表之中的資料自由度

在變異數分析中,各表的組間偏差、組內偏差的「資料自由度」極為重要（→P92）。

請觀察一下「組間偏差」的表格。它是根據肥料A、B、C的資料平均數所計算出來的3個值所組成,可是由於這些是偏差的集合,因此具有加總「等於0」的性質;於是,能夠自由變動的數值只有2個（=3-1）。依照上述結果,我們得到組成組間偏差的數值「自由度為2」。

組間偏差的自由度＝2 …（1）

接著觀察「組內偏差」的表格。肥料A、B、C各由4個數值（合計3×4=12個）所組成。可是由於它們是由各組的偏差值組成,因此具有組內加總「等於0」的性質;於是,各組能夠自由變動的值為3（=4-1）。由此可知,在整張表格的「組內偏差」中,能夠自由變動的數值為3×3（=3×（4-1））=9。

組內偏差的自由度＝9 …（2）

一般而言,會將這些整理成下面的公式。

公式
「組間偏差」的資料自由度＝組數-1
「組內偏差」的資料自由度＝組數×（組內資料數-1）

組間偏差

區塊	肥料 A	B	C	
1	-5	4	1	＝0
2	-5	4	1	
3	-5	4	1	
4	-5	4	1	

（各組平均數-全體平均數）

組內偏差

區塊	肥料 A	B	C
1	1	1	-3
2	-1	-3	1
3	-2	4	3
4	2	0	-1

＝0
（每筆資料值-各組平均數）

● 計算不偏變異數

變異數分析中會使用到不偏變異數（➡P90），計算公式如下。

公式　不偏變異數＝偏差平方的平均數 $= \dfrac{\text{偏差平方的和}}{\text{自由度}}$

試著計算右方「組間偏差」表的偏差平方 Q_1，以及組內偏差表的偏差平方 Q_2。

$$Q_1 = 4\{(-5)^2 + 4^2 + 1^2\} = 168$$

$$Q_2 = \{1^2 + (-1)^2 + (-2)^2 + 2^2\} + \{(-1)^2 + (-3)^2 + 4^2 + 0^2\}$$
$$+ \{(-3)^2 + 1^2 + 3^2 + (-1)^2\} = 56 \qquad \cdots (3)$$

組間偏差

區塊	肥料		
	A	B	C
1	-5	4	1
2	-5	4	1
3	-5	4	1
4	-5	4	1

【註】Q_1、Q_2 分別稱為**組間變動**及**組內變動**。

根據上頁的「算式（1）」和「算式（2）」，以及上述的「算式（3）」，可以求出「組間偏差」及「組內偏差」表的「不偏變異數」$s_1{}^2$、$s_2{}^2$ 的值。

$$s_1{}^2 = \frac{Q_1}{2} = \frac{168}{2} = \underline{84}$$
$$s_2{}^2 = \frac{Q_2}{9} = \frac{56}{9} = \underline{6.22} \qquad \cdots (4)$$

組內偏差

區塊	肥料		
	A	B	C
1	1	1	-3
2	-1	-3	1
3	-2	4	3
4	2	0	-1

● 利用不偏變異數的大小來判定有無要因的效果

如之前所述，不同肥料之間是否具有效果，可以根據「組間偏差」和「組內偏差」之間的大小來判斷。這些各偏差的整體是代表「偏差平方」的「平均值」，亦即「不偏變異數」，因此**不同肥料之間是否具有效果，可以從「組間」及「組內」獲取的不偏變異數大小來觀察**。

具體而言，組間偏差與組內偏差的不偏變異數 $s_1{}^2$、$s_2{}^2$ 的值，在〔算式（3）〕中，可以確認若 $s_1{}^2$ 變大，每種要因（肥料）便有不同的效果；換言之，當判定出不偏變異數 $s_1{}^2$、$s_2{}^2$ 的大小時，便能判斷不同要因是否具有效果。當進行判定時，就要使用下面即將介紹的「F 檢定」。

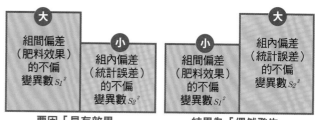

要因「具有效果」（肥料有效）　　結果為「偶然發生」（無法認可肥料的效果）

● 使用 F 分配檢定

現在終於來到變異數分析的重頭戲。那麼就開始進行下面的檢定（假設顯著水準為5%）。

虛無假設 H_0：「不同的肥料沒有效果。」（$s_2{}^2$ 較大）
對立假設 H_1：「不同的肥料具有效果。」（$s_1{}^2$ 較大）

這個檢定會利用 **F 分配**的定理。

F 分配的前 5% 臨界點可以利用 Excel 等統計軟體或數學表格計算。

定理　從常態母體（➡P88）中抽出 2 個樣本，令計算得到的不偏變異數為 $s_1{}^2$、$s_2{}^2$。當 $s_1{}^2$、$s_2{}^2$ 的自由度依序為 k_1、k_2 時，下面的變數 F 服從自由度 k_1 與 k_2 的 F 分配。
$$F = \frac{s_1{}^2}{s_2{}^2}$$

接著開始檢定虛無假設 H_0。

在自由度為 2、9 的 F 分配中，大於 F 5% 的範圍，也就是前 5% 的拒絕域如下。

拒絕域 $F \geq 4.26 \cdots (5)$

● 計算 F 值

從觀測值計算出 F 的值（F 值）。

$$F = \frac{s_1^2}{s_2^2} = \frac{84}{6.22} = \underline{13.5} \quad \cdots \quad (6)$$

這個值落入拒絕域〔算式（5）〕當中，因此拒絕虛無假設 H_0，並確認對立假設「不同的肥料具有效果」一說成立。

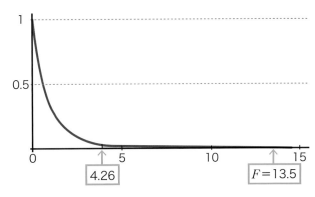

● 變異數分析表

因為變異數分析的步驟十分繁瑣，所以這裡準備一張只須填入空格便能進行分析的表格，此張表格稱為**變異數分析表**。

只須填入空格便能進行分析哦。

變動要因	變動 [3]	自由度 [1]、[2]	變異數 [4]	F 值 [6]	p 值	5% 臨界點 [5]
組間	168	2	84	13.5	0.002	4.26
組內	56	9	6.22			
合計	224	11				

【註】空格中的「p 值」為相對於 F 值的檢定統計量（➡P82），也能夠利用 p 值是否小於顯著水準來判斷檢定結果。

● 變異數分析的條件

變異數分析雖然是利用「F 分配的定理」進行檢定（F 檢定），但前提為這個定理成立的對象必須是「常態母體」，所以分析對象的資料必要「服從常態分配」。對於不適合使用這種假設的資料分析來說，並無法利用這裡介紹的變異數分析。

何謂 F 分配

F 分配也就是關於「不偏變異數比例」的分配，與此相關的檢定經常會用到，其「機率密度函數」的曲線圖如右圖所示。

有關 F 分配中的各種數值，可以利用 Excel 等統計分析軟體或數學表格計算。

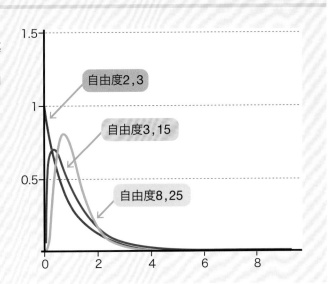

統計學人物傳 5   **威廉·戈塞**

威廉·戈塞
（1876〜1937）

所謂的 t 分配，是從較少的個體（也就是小樣本）中，了解全體時所用的分配，這個分配方式是由**戈塞**（1876〜1937）所提出。戈塞在求學過程中，於牛津大學攻讀化學與數學，而後任職於健力士釀酒公司。在啤酒公司的原料品種與釀造的管理上，統計學的重要性不言而喻，可以說戈塞在統計學上的造詣，都是在這間公司裡發展出來的。他在研究上孜孜不倦地投入心力，工作閒暇之餘，仍會到**卡爾·皮爾森**（➡P48）的研究室從事研究；並且在1908年，於《生物統計學》（Biometrika）期刊上，發表了〈平均值的機率誤差〉（The Probable Error of a Mean）這篇不朽的論文，首次於世人面前展示出 t 分配與 t 檢定的構想。

這篇論文是利用統計研究啤酒的麥芽汁該放入多少酵母液，以此主題作為研究對象。因為酵母會不斷地重複發酵、繁殖、死亡等過程，所以無法掌握確切的數量，而且也不可能檢查所有的酵母液，因此只能抽出一部分來計算數量；然而樣本的大小卻無法與大量在工廠生產的成品數量呈正比，只能根據少數的樣本來估計整體的性質，於是戈塞便希望能從中得知究竟正確的數量為何。由於當時統計學最理想的狀況是採用「大樣本」的方式，因此並無法滿足戈塞的需求。

當初發表時，在**皮爾森**等人所主導的統計學會議當中，這篇有關小樣本的論文並沒有受到矚目；因為當時的統計學是以盡可能進行多次試驗的「大樣本」為主，並根據結果來驗證其正確性的緣故。

可是，健力士公司並不樂見公司內的實驗數據流出公司外部，因此戈塞便使用筆名發表這篇論文；他所使用的筆名叫做**Student**，於是人們便將戈塞提出的「t分配」稱為「Student的**t**分配」。

順帶一提，就連不愛喝啤酒的人也認識健力士公司的名字，其中一個原因是因為健力士是一間相當有名的啤酒公司。

另一個原因是《金氏世界紀錄大全》這本書非常有名。這本收集各式各樣世界第一紀錄的書也是由健力士公司所出版。

此外，健力士公司似乎不知道戈塞一生對於統計學上的貢獻，他最後位居倫敦釀酒所的所長。據聞在他去世之後，他的朋友為了要獲贈追悼論文集而與健力士公司進行交涉，此時公司這邊才知道戈塞就是統計學上鼎鼎有名的「Student」。

啤酒酵母的存活率是多少呢？

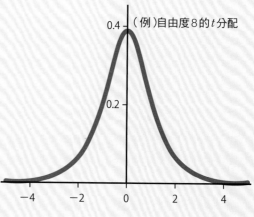

（例）自由度8的 t 分配

6 將關係科學化的統計學（多變量分析）

獨立性檢定（χ^2檢定）

利用交叉分析表（又稱交叉表➡P44）來判斷2種項目之間的關係，這種方式稱為「獨立性檢定」。本節將介紹基本上最常使用的「2×2交叉分析表」。

● 何謂「2×2交叉分析表」的「獨立性檢定」

在A公司及B公司之間進行某個法案的問卷調查，得到的結果如右表。此時，A公司及B公司出現截然不同的結果，這是因為調查方式有所差異的緣故嗎？或者只是偶然的結果呢？像這樣利用2×2交叉分析表找出「偶然或必然」的方法，就是**獨立性檢定**。

法案支持與否的調查

	支持	不支持
A公司	325	554
B公司	293	512

●「獨立性檢定」的公式

想要檢定2×2交叉分析表中「表側項目A」與「表頭項目B」之間為「獨立（沒有相關性）」關係的話，就要以下列步驟依序進行。

公式

①虛無假設H_0與對立假設H_1的設定內容如下。

H_0：表側的項目A與表頭的項目B之間相互獨立（沒有相關性）

H_1：表側的項目A與表頭的項目B之間並非獨立（具有相關性）

	B1	B2	計
A1	n_{11}	n_{12}	N_{A1}
A2	n_{21}	n_{22}	N_{A2}
計	N_{B1}	N_{B2}	N

②製作假設獨立的期望次數表。

	B1	B2	計
A1	$E_{11}\left(=N\dfrac{N_{A1}}{N}\dfrac{N_{B1}}{N}\right)$	$E_{12}\left(=N\dfrac{N_{A1}}{N}\dfrac{N_{B2}}{N}\right)$	N_{A1}
A2	$E_{21}\left(=N\dfrac{N_{A2}}{N}\dfrac{N_{B1}}{N}\right)$	$E_{22}\left(=N\dfrac{N_{A2}}{N}\dfrac{N_{B2}}{N}\right)$	N_{A2}
計	N_{B1}	N_{B2}	N

③計算下面的Z（此為檢定統計量（➡P89））。

$$\text{檢定統計量 } Z = \frac{(n_{11}-E_{11})^2}{E_{11}} + \frac{(n_{12}-E_{12})^2}{E_{12}} + \frac{(n_{21}-E_{21})^2}{E_{21}} + \frac{(n_{22}-E_{22})^2}{E_{22}} \cdots \quad (1)$$

④這裡的Z服從「自由度為1」的χ^2分配，利用這個性質進行檢定（χ^2**檢定**）。

● 以範例來觀察

利用下面的例子，觀察何謂2×2交叉分析表的「獨立性檢定」吧。

例 右邊的表格為針對某位人氣藝人G的好惡，進行1215人的問卷調查結果。從資料中可以看出「喜歡G的男性較多、女性較少」，於是我們以顯著水準5%來檢定是否可以斷定「男女對於藝人G各有各的看法」。

藝人G的評價

	喜歡	討厭
男性	331	217
女性	315	352

利用上述①～④的順序來進行檢定，結果得到〔公式（1）〕的值為20.97，落在拒絕域內，因此拒絕虛無假設「表側的項目A與表頭的項目B之間相互獨立」，並接受「對立假設」；於是我們可以作出對於藝人G的看法為男女「意見大不相同」的結論。

1 **建立虛無假設與對立假設，並決定顯著水準**

假設的設定如下：

H_0：對於藝人G的好惡不會因男女而不同

H_1：對於藝人G的好惡會因男女而有所差異

此外根據題意，顯著水準設定為5%。

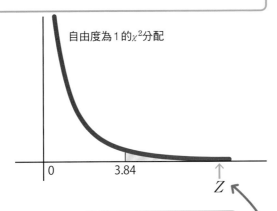

自由度為1的χ^2分配

0　3.84　Z

2 **製作假設獨立的期望次數表**

表格如下：

藝人G的評價

	喜歡	討厭	計
男性	331	217	548
女性	315	352	667
計	646	569	1215

期望次數

	喜歡	討厭	計
男性	291.4	256.6	548
女性	354.6	312.4	667
計	646	569	1215

$$1215 \times \frac{548}{1215} \times \frac{646}{1215} = \underline{291.4}$$

4 **觀察χ^2分配圖表中的拒絕域**

畫出「自由度為1」的χ^2分配圖，觀察拒絕域。拒絕域的臨界點可以利用Excel等統計分析軟體或數學表格計算，如圖上所示，拒絕域為：

$\chi^2 > 3.84$

在步驟**3**得到的檢定統計量20.97落在這個範圍內。

拒絕
虛無假設

3 **計算檢定統計量Z的值**

利用〔公式（1）〕計算出下列的值。

$$Z = \frac{(331-291.4)^2}{291.4} + \frac{(217-256.6)^2}{256.6}$$
$$+ \frac{(315-354.6)^2}{354.6} + \frac{(352-312.4)^2}{312.4} = \underline{20.97}$$

● $m \times n$交叉表的檢定

有關$m \times n$交叉分析表中表側與表頭的「獨立性檢定」，是根據2×2交叉分析表中**2**～**4**的步驟修改而來。

3 **計算檢定統計量Z的值**

$$Z = \frac{(n_{11}-E_{11})^2}{E_{11}} + \frac{(n_{12}-E_{12})^2}{E_{12}} + \cdots + \frac{(n_{mn}-E_{mn})^2}{E_{mn}}$$

4 **觀察χ^2分配圖表中的拒絕域**

這裡的Z，服從「自由度為$(m-1)\times(n-1)$」的χ^2分配。利用這個性質，進行與上述步驟相同的χ^2檢定。

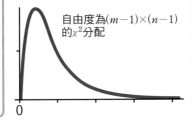

自由度為$(m-1)\times(n-1)$的χ^2分配

0

2 **製作假設獨立的期望次數表**

資料

	B_1	B_2	$\cdots$	B_n	計
A_1	n_{11}	n_{12}	$\cdots$	n_{1n}	N_{A1}
A_2	n_{21}	n_{22}	$\cdots$	n_{2n}	N_{A2}
$\vdots$	$\vdots$	$\vdots$	$\vdots$	$\vdots$	$\vdots$
A_m	n_{m1}	n_{m2}	$\cdots$	n_{mn}	N_{Am}
計	N_{B1}	N_{B2}	$\cdots$	N_{Bn}	N

期望次數

	B_1	B_2	$\cdots$	B_n	計
A_1	E_{11}	E_{12}	$\cdots$	E_{1n}	N_{A1}
A_2	E_{21}	E_{22}	$\cdots$	E_{2n}	N_{A2}
$\vdots$	$\vdots$	$\vdots$	$\vdots$	$\vdots$	$\vdots$
A_m	E_{m1}	E_{m2}	$\cdots$	E_{mn}	N_{Am}
計	N_{B1}	N_{B2}	$\cdots$	N_{Bn}	N

這裡的$E_{ij} = N \times \dfrac{N_{Ai}}{N} \dfrac{N_{Bj}}{N}$

迴歸分析的做法與簡單迴歸分析

對於研究隨機變數關係的統計學來說，最常使用到的大概就非迴歸分析莫屬吧。它能夠以顯而易見的方式呈現複數觀測項目（亦即變數）之間的關係。

● 何謂簡單迴歸分析

　簡單迴歸分析就是以公式表示「2個變數之間的關係」；特別是經常利用的簡單**線性**迴歸分析，是以1次方程式來表示2個變數 x、y 的關係為何。

> **例** 下面（下表）為10位A高中男學生的身高（x）與體重（y）資料。製作其散布圖（→P26），並畫出代表資料並沿著觀測點方向移動的直線，這條代表資料的直線（稱為**迴歸線**）即為「簡單迴歸分析」。

No	身高 x	體重 y
1	147.9	41.7
2	163.5	60.2
3	159.8	47.0
4	155.1	53.2
5	163.3	48.3
6	158.7	55.2
7	172.0	58.5
8	161.2	49.0
9	153.9	46.7
10	161.6	52.5

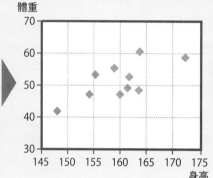

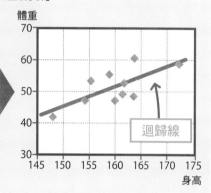

迴歸線

　此迴歸線適用於〔公式（1）〕的方程式，計算如下：　$\hat{y} = -48.60 + 0.625x$

　在迴歸方程式中，體重 y 為**反應變數**、身高 x 為**解釋變數**。左邊有一個新的符號 $\hat{y}$，它與實際的體重 y 不同，而是根據身高 x 而計算的「預測值」。值得一提的是，簡單迴歸方程式的「解釋變數的係數」（〔公式（1）的 b〕）稱為**迴歸係數**。

公式

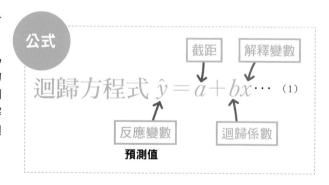

迴歸方程式 $\hat{y} = a + bx$ … (1)

截距　解釋變數

反應變數　迴歸係數

預測值

● 迴歸方程式的公式

說明簡單迴歸分析的迴歸方程式計算公式。

公式

有一組包含2個變數 x、y 的資料，迴歸方程式 $\hat{y} = a + bx$ 的「截距 a」與「迴歸係數 b」的計算方式如下：

截距 $a = \overline{y} - b\overline{x}$

回歸係數 $b = \dfrac{s_{xy}}{s_x^{2}}$ … (2)

$\overline{x}$、$\overline{y}$ 為變數 x、y 的平均數、 s_x^{2} 為變數 x 的變異數、s_{xy} 為變數 x、y 的共變異數。

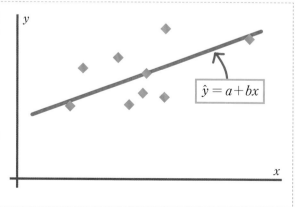

$\hat{y} = a + bx$

迴歸方程式的公式計算方式

　　迴歸方程式可以利用**最小平方法**計算，這在數理統計學當中是最基本的方法，這種方法會服從下面的原理，來決定包含在理論公式內的參數。

原理

在一組資料中，「反應變數」y的「第i項值」y_i與「理論值」$\hat{y}_i$之間的誤差為「$y_i - \hat{y}_i$」，理論值的誤差總量定義如下（n為資料的個數）。

$$殘差平方和 \quad Q_e = (y_1 - \hat{y}_1)^2 + (y_2 - \hat{y}_2)^2 + (y_3 - \hat{y}_3)^2 + \cdots + (y_n - \hat{y}_n)^2 \cdots (3)$$

$$(i = 1、2、\cdots、n)$$

Q_e稱為**殘差平方和**（或**殘差變動**）。決定公式的參數讓Q_e成為最小的方法就是**最小平方法**。

個體名	x	y
1	x_1	y_1
2	x_2	y_2
3	x_3	y_3
⋮	⋮	⋮
n	x_n	y_n

　　在這個原理的解說當中，反應變數y的第i項值y_i稱為**實際值**，根據迴歸方程式計算出來的理論值$\hat{y}_i$稱為**預測值**。此外，實際值與預測值之間的誤差「$y_i - \hat{y}_i$」叫做**殘差**。

　　想要求出實際殘差平方和Q_e使其達到最小的話，就要利用數學的微分法，如此一來便能獲得上述公式。

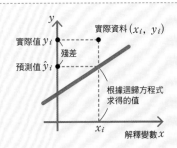

● 呈現迴歸方程式準確度的「決定係數」

　　當利用相關圖呈現資料的分布時，也能畫出代表資料分布的迴歸線。可是就算說它「代表資料分布」，但實際上也有多種不同的情況，請看右邊的例子；雖然左邊的圖大致上呈現出資料的分布，不過右邊的圖卻看不出來，這是因為代表分布的準確度極差的緣故。

　　於是便出現一種代表迴歸方程式的「準確度指標」，那就是**決定係數**。

迴歸方程式的準確度 **佳**　　　迴歸方程式的準確度 **差**

公式

當變數y的「偏差平方和」為Q、「殘差平方和」為Q_e時，「決定係數R^2」的定義如下：

$$決定係數 R^2 = \frac{Q - Q_e}{Q} \quad (0 \leq R^2 \leq 1) \cdots (4)$$

在統計學當中，有時可以根據「偏差平方和」來掌握資料帶來的「訊息」。此時可以將$Q - Q_e$視為解釋迴歸方程式的「訊息量」。

全體資料的訊息 Q

解釋迴歸方程式的部分	誤差（殘差）的部分 Q_e

$Q - Q_e$

　　當R^2趨近於1時，代表迴歸方程式能夠充分解釋資料；若趨近於0，則表示無法解釋資料。

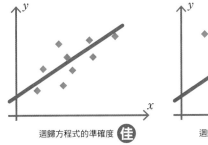

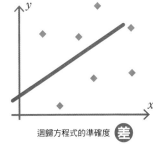

R^2趨近於1　　　R^2在0.5附近　　　R^2趨近於0

迴歸分析的應用

在上一節當中，我們介紹了迴歸分析的做法，本節會加以擴展運用。

● 複迴歸分析

複迴歸分析是指「3個變數以上」的資料，利用「其他變數的算式」來呈現1個變數的分析法，以下舉例說明。

例1 右表為調查10名大學生腰圍 w、身高 x、體重 y 的資料，導出以體重 y 作為反應變數的迴歸方程式。

No	腰圍 w	身高 x	體重 y
1	67	160	50
2	68	165	60
3	70	167	65
4	65	170	65
5	80	165	70
6	85	167	75
7	78	178	80
8	79	182	85
9	95	175	90
10	89	172	81

可以由下面的迴歸方程式計算出來。

偏迴歸係數

$$\hat{y} = -166.36 + 0.71w + 1.08x \quad \cdots \quad (1)$$

一般而言，複迴歸分析的迴歸方程式會因紙張篇幅的限制而無法以圖表示，不過當變數與〔算式（1）〕一樣只有3個時，便能夠在有限的範圍內畫出「示意圖」（下圖左）。

複迴歸分析中，迴歸方程式能夠像〔算式（1）〕一樣計算出來，並掌握變數的關係。比方在〔算式（1）〕當中，賦予體重的迴歸係數（稱為**偏迴歸係數**）為腰圍 $w = 0.71$、身高 $x = 1.08$；因此代表身高帶給體重的影響比腰圍還要大（下圖右）。

【註】想要一口斷定身高與體重的關係，就必須進行標準化（➡P42）才行。

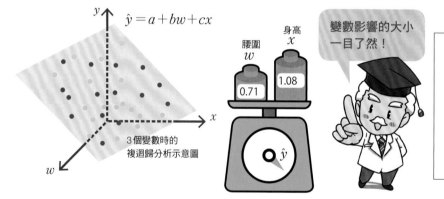

$$\hat{y} = a + bw + cx$$

3個變數時的複迴歸分析示意圖

變數影響的大小一目了然！

注1 複迴歸分析的迴歸方程式計算方式，與簡單迴歸分析毫無二致。為了讓反應變數的理論值與實際值誤差，也就是「殘差平方和」（➡P111）達到最小，因而決定出迴歸方程式的係數為何。

以範例來說明3個變數的迴歸方程式公式。

公式

由3個變數 w、x、y 所組成的資料中，觀察以 y 作為「反應變數」的迴歸方程式。

$$\hat{y} = a + bw + cx \quad (a \cdot b \cdot c \text{為常數}) \cdots (2)$$

截距 a 及偏迴歸係數 b、c 滿足下列公式。

$$\left. \begin{array}{l} s_{w^2} b + s_{wx} c = s_{wy} \\ s_{wx} b + s_{x^2} c = s_{xy} \end{array} \right\} \cdots (3)$$

$$\overline{y} = a + b\overline{w} + c\overline{x} \quad \cdots \quad (4)$$

注2 以下面的矩陣呈現〔公式（3）〕，如此便能簡單地進行一般計算。

$$\begin{pmatrix} s_{w^2} & s_{wx} \\ s_{wx} & s_{x^2} \end{pmatrix} \begin{pmatrix} b \\ c \end{pmatrix} = \begin{pmatrix} s_{wy} \\ s_{xy} \end{pmatrix} \cdots (5)$$

算式左側的2×2矩陣稱為**共變異數矩陣**。根據〔公式（5）〕，偏迴歸係數可由下列公式計算出來。

$$\begin{pmatrix} b \\ c \end{pmatrix} = \begin{pmatrix} s_{w^2} & s_{wx} \\ s_{wx} & s_{x^2} \end{pmatrix}^{-1} \begin{pmatrix} s_{wy} \\ s_{xy} \end{pmatrix}$$

● 非線性迴歸預測法

之前說明的迴歸分析是以1次迴歸方程式呈現的**線性迴歸分析**，接下來也會利用以它發展出來的**非線性**迴歸分析；下面以範例說明。

例2 右表是日本從2007年到2012年之間，智慧型手機出貨臺數的統資料；請試著依據這張表格，進行迴歸分析。

年度 x	出貨臺數 y
7	94
8	158
9	234
10	855
11	2340
12	2972

2000年代　　　　萬臺

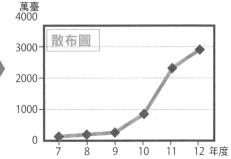

資料以散布圖呈現，想要利用簡單線性迴歸分析（➡P110）的話，散布圖的形狀必須呈現直線才行，但實際上並非如此（右上圖）；於是試著進行下面的「變數轉換」看看。

$$Y = \log_{10} y \quad \cdots \quad (6)$$

根據重新獲得的資料，散布圖如右圖一般呈現直線的形狀。

年度 x	$Y = \log_{10} y$
7	1.973
8	2.199
9	2.369
10	2.932
11	3.369
12	3.473

2000年代

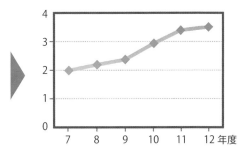

具備直線的散布圖資料，便能夠利用簡單線性迴歸分析來計算。那麼立刻利用〔算式（6）〕轉換而獲得的表格，求出迴歸方程式及決定係數 R^2 吧。

$$\hat{Y} = -0.42 + 0.33x \ 、 \ R^2 = 0.96 \quad \cdots \quad (7)$$

決定係數呈現出趨近於1的值，得到十分相似的結果。

$\hat{Y}$ 為對數化後的理論值，因此要根據〔算式（6）〕求出對數化前的理論值 $\hat{y}$；即是從 $\hat{Y} = \log_{10} \hat{y}$ 得到：

$$\hat{y} = 10^{\hat{Y}} = 10^{-0.42+0.33x} \quad \cdots \quad (8)$$

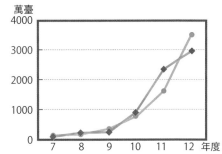

最終得到的曲線與原始資料的散布圖如右圖所示。大致上重現了原始散布圖的狀態。

有關熱門商品的出貨量，或是繁殖迅速的生物個數等分析，利用〔算式（6）〕的轉換非常具有效果哦。

轉換公式的選擇

上述的〔算式（8）〕稱為**成長曲線**，因為用以預估動植物的成長而得名。

此外，表示動植物成長狀態的成長曲線，也未必一定為〔算式（8）〕的指數函數。像下面的**邏輯曲線**也十分有名。

$$\hat{y} = \frac{\gamma}{1+e^{\alpha+\beta x}} \quad \cdots \quad (9)$$

與導出〔算式（6）〕到〔算式（8）〕的過程相同，得到 $\alpha = 12.53$、$\beta = -0.77$、$r = 5000000$；此〔算式（9）〕的曲線如右圖所示。另外，這裡的決定係數為0.96，與〔算式（7）〕相同，因此說明上述資料的〔算式（8）〕及〔算式（9）〕的結果一致。

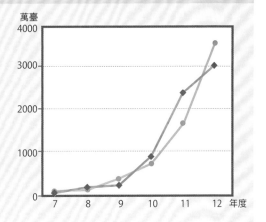

主成分分析

當資料中有多個變數時，往往會將焦點放在各個變數上，便會將多個變數變成1個，或是縮減為數個變數，其中一種方法就是「主成分分析」。

● 主成分分析的內容

舉個最簡單的多變量範例：觀察由身高、體重所組成的雙變數資料。

無論是觀察「身高」或「體重」，右邊的散布圖皆會因代表資料的點混在一起，而無法觀察整體內容；因此我們從新的「斜軸」（新變數）來觀察，便能看到資料分散開來，清楚看清每個點的特性。像這樣找出新的斜軸（新變數），以觀察資料特性的做法就是**主成分分析**。

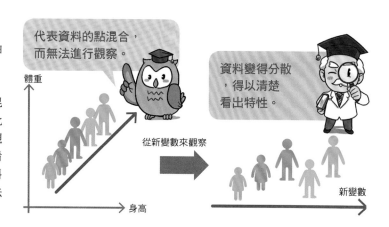

● 主成分分析的做法

所謂資料變得分散而得以觀察的涵義，就是指新組成的新變數「變異數較大」；依照下面〔例1〕①～②的步驟，來找出新變數。

例1 假設我們有10人的身高、體重、胸圍資料如下表，請試著進行主成分分析。

編號	身高	體重	胸圍
1	177.7	68.1	91.8
2	168.0	60.2	89.3
3	165.3	49.1	84.9
4	159.1	42.0	86.3
5	176.4	73.3	93.8
6	176.0	57.2	92.5
7	170.0	59.8	89.8
8	164.6	51.6	88.5
9	174.4	70.2	91.7
10	174.8	58.8	91.6

① 製作新變數

假設有 a、b、c 3個常數，而

$$u = a \times 身高 + b \times 體重 + c \times 胸圍$$

但是，常數 a、b、c 必須附有以下條件，否則新變數 u 的變異數便會無限擴展。

$$a^2 + b^2 + c^2 = 1$$

以此來限制常數 a、b、c 的變動範圍。

新變數 $u = a \times 身高 + b \times 體重 + c \times 胸圍$
（附帶 $a^2 + b^2 + c^2 = 1$ 的條件）

編號	新變數 u
1	$a \times 177.7 + b \times 68.1 + c \times 91.8$
2	$a \times 168.0 + b \times 60.2 + c \times 89.3$
3	$a \times 165.3 + b \times 49.1 + c \times 84.9$
4	$a \times 159.1 + b \times 42.0 + c \times 86.3$
5	$a \times 176.4 + b \times 73.3 + c \times 93.8$
6	$a \times 176.0 + b \times 57.2 + c \times 92.5$
7	$a \times 170.0 + b \times 59.8 + c \times 89.8$
8	$a \times 164.6 + b \times 51.6 + c \times 88.5$
9	$a \times 174.4 + b \times 70.2 + c \times 91.7$
10	$a \times 174.8 + b \times 58.8 + c \times 91.6$

② 決定常數 a、b、c，讓新變數的變異數達到最大

為了凸顯每個資料的特性，使得新變數 u 的變異數 s^2 達到最大，於是決定好常數 a、b、c，這個過程就交給電腦的統計分析工具來完成吧。我們將得到的新變數 u 稱為（第一）**主成分**。

$$u = 0.50 \times 身高 + 0.84 \times 體重 + 0.22 \times 胸圍 \cdots (1)$$

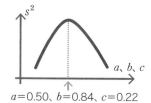

$a = 0.50$、$b = 0.84$、$c = 0.22$

● 主成分分析的評價

在多變量分析中，是否能清楚解釋資料的分布，會大大影響統計模型的價值。話說回來，資料分散的總和稱為「變異數」，用來表示各項變異數加總的「總變異數」究竟能解釋多少主成分的變數，即是以下的**貢獻率C**。

貢獻率 $C = \dfrac{主成分的變異數}{變異數總和}$ $(0 \leq C \leq 1) \cdots (2)$

在左頁的〔例1〕中，貢獻率C為0.93，代表它能夠以1個變數u來解釋93%的資料分布。

貢獻率 C

$$= \frac{主成分的變異數}{身高的變異數 \quad 體重的變異數 \quad 胸圍的變異數}$$

● 主成分的名稱與分數

盡可能地替新變數u命名吧。請再觀察一遍新變數〔算式（1）〕。

$u = 0.50 \times 身高 + 0.84 \times 體重 + 0.22 \times 胸圍 \cdots (1)$

身高、體重、胸圍皆為「正係數」並相加在一起，代表新變數u是採用所有變數的資訊而來的，那麼就將新變數u命名為「體格」吧。如此命名之後，資料的解釋就變得輕鬆不少。

接著根據〔算式（1）〕，製作出代入各資料的表格（右表），表格中的數值稱為**主成分分數**，可以得知5號的「體格」最佳。

編號	主成分分數
1	166.0
2	154.0
3	142.4
4	133.7
5	170.2
6	156.2
7	154.8
8	144.9
9	166.1
10	156.8

● 第二主成分與主成分分析圖

可以看出分布變大的方向未必只有1個方向，有時也能在別的方向觀察到寬廣的分布，此時對應第2個能夠看到寬廣分布方向的新變數就稱為**第二主成分**。將第一及第二主成分作為橫軸及縱軸（也可以反過來），以座標呈現各變數的係數，此稱為**主成分分析圖**。如此一來，不僅能清楚看出組成資料的每個變數特徵，而且也能理解主成分所代表的意義。此外，將每個資料減掉主成分分數，再將獲得的資料利用上述的算式計算，便能獲得第二主成分。

從第一主成分搾出的殘渣中再搾出第二主成分

例2　想要購買公寓的人，對於「價格」、「方位」、「離車站的距離」、「面積」、「樓層」、「往主要車站的便利性」等項目，以最高10分來評價各項重要度；將資料進行主成分分析的結果如右表所示，這裡顯示第一主成分與第二主成分的「係數」。

　　以這些係數為座標，將每個變數標示出來的圖，就是「主成分分析圖」。根據這張圖可以得知第一主成分所代表的「公寓綜合評價」為何，因為各觀測變數都位於「正象限」內的緣故。

　　與此相比，第二主成分便有正有負了。仔細一看，正的觀測變數代表「公寓的舒適度」，負的觀測變數則為「公寓的便利性」，於是我們可以將第二主成分視為「公寓的特性」。

問卷項目	第一成分	第二成分
價格	0.43	0.12
方位	0.37	0.46
離車站的距離	0.47	-0.52
面積	0.35	0.37
樓層	0.26	0.40
往主要車站的便利性	0.52	-0.45

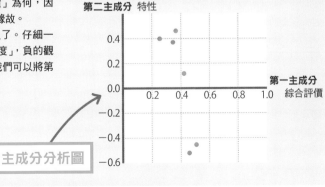

主成分分析圖

因素分析

針對多個變數的資料，找出資料中能夠獲取的「原因」及「依據」（稱為因素）的方法，就是「因素分析」。

● 何謂因素分析

舉例來說，觀察孩子們的國語、數學、社會成績，想想「成績是由哪些共通的原因來決定的？」，此時就會以**因素分析**來解答。因素分析為**調查潛藏在資料背後的原因**的統計分析方法。

什麼原因會導致成績出現差異？

國語	57
數學	75
社會	71

國語	45
數學	87
社會	33

國語	85
數學	29
社會	44

國語	79
數學	35
社會	46

國語	55
數學	85
社會	55

● 因素分析的內容

由下面的例題，來觀察因素分析的內容。

> **例1** 假設已知10位兒童的成績資料如下表，試著進行因素分析。

座號	國語	數學	社會
1	88	34	45
2	84	32	44
3	82	24	42
4	79	21	43
5	88	36	46
6	88	35	46
7	85	29	44
8	82	25	44
9	87	35	45
10	87	29	45

1 假設產生資料的共通原因為 F

這裡從 F 的因素分析來思考，F 稱為**共通因素**。

國語 x

共通因素 F

y 數學　社會 z

座號	國語	數學	社會
1	$af_1 +$ 誤差	$bf_1 +$ 誤差	$cf_1 +$ 誤差
2	$af_2 +$ 誤差	$bf_2 +$ 誤差	$cf_2 +$ 誤差
3	$af_3 +$ 誤差	$bf_3 +$ 誤差	$cf_3 +$ 誤差
4	$af_4 +$ 誤差	$bf_4 +$ 誤差	$cf_4 +$ 誤差
5	$af_5 +$ 誤差	$bf_5 +$ 誤差	$cf_5 +$ 誤差
6	$af_6 +$ 誤差	$bf_6 +$ 誤差	$cf_6 +$ 誤差
7	$af_7 +$ 誤差	$bf_7 +$ 誤差	$cf_7 +$ 誤差
8	$af_8 +$ 誤差	$bf_8 +$ 誤差	$cf_8 +$ 誤差
9	$af_9 +$ 誤差	$bf_9 +$ 誤差	$cf_9 +$ 誤差
10	$af_{10} +$ 誤差	$bf_{10} +$ 誤差	$cf_{10} +$ 誤差

> **注** 表格中的 $f_1, f_2 \cdots, f_{10}$ 稱為**因素分數**，為每位學生擁有的學力（數值不明）。

2 寫出表示因素分析的模型算式

假設因素分析中，因素和變數的關係如下。

$$\left. \begin{array}{l} x = a \times F + \text{誤差} \\ y = b \times F + \text{誤差} \\ z = c \times F + \text{誤差} \end{array} \right\} \cdots (1)$$

（a、b、c 為常數）

「誤差」為無法以共通因素充分解釋的數量；這個算式的關係如右圖所示（這樣的圖稱為**路徑圖**）。

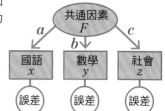

變異數和共變異數（理論值）

	國語 x	數學 y	社會 z
國語 x	a^2+誤差變異數	ab	ac
數學 y	ab	b^2+誤差變異數	bc
社會 z	ac	bc	c^2+誤差變異數

標準化後的變異數和共變異數（實測值）

	國語 x	數學 y	社會 z
國語 x	1	0.92	0.86
數學 y	0.92	1	0.85
社會 z	0.86	0.85	1

因素負荷量

a	0.97
b	0.95
c	0.89

③ 根據因素模型計算出變異數及共變異數的理論值

利用②的〔算式（1）〕，求出變異數、共變異數的理論值；假設各變數與其他變數間完全沒有相關及誤差間的相關。另外還要假設變數經過標準化（➡P42）。

④ 根據資料計算變異數及共變異數的實測值

將資料標準化，計算變異數及共變異數的實測值（此時，共變異數與相關係數一致）。

⑤ 比較變異數、共變異數的實測值和理論值，並決定 a、b、c

比較③跟④以決定 a、b、c，決定好的 a、b、c 稱為**因素負荷量**。

根據以上內容，計算「共通因素 F」與「各變數」的關係。

$x = 0.97 \times F +$ 誤差
$y = 0.95 \times F +$ 誤差
$z = 0.89 \times F +$ 誤差

利用右方的路徑圖來表示。由於各變數是以標準化為前提，因此可以看出共通因素 F 能充分地解釋資料；根據路徑圖，將 F 稱為「學力」。

● 共通因素的解釋與評價

因為算式中的「因素負荷量」為正，所以代表因素 F 與所有的學科共通，亦即可以將其視為「學力」。接著讓我們調查一下共通因素「學力」能夠解釋多少資料吧。變異數是用來估計可以解釋多少統計模型資料的統計檢定量。定義為**貢獻率**，貢獻率介於0到1，越接近1就表示共通因素越能充分解釋資料。

貢獻率

$$= \frac{\text{解釋因素的總變異量}}{\text{資料的全變異量}}$$

例2 試求〔例1〕的資料貢獻率（請注意變數已經過標準化）

根據〔例1〕的結果

$$\text{貢獻率} = \frac{\text{解釋因素的總變異量}}{\text{全變異量}} = \frac{a^2+b^2+c^2}{3} = \frac{0.97^2+0.95^2+0.89^2}{3} = \underline{0.88}$$

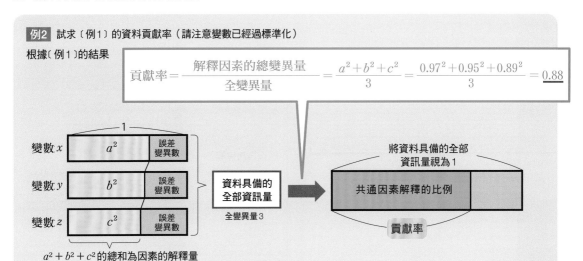

$a^2+b^2+c^2$ 的總和為因素的解釋量

SEM（共變異數結構分析）

將因素分析一般化的稱為「SEM」，也叫做「共變異數結構分析」。

● 何謂SEM

在因素分析中，共通因素與變數間的關係已固定，讓兩者產生彈性的就是**SEM**。

變數與共通因素的關係相當單純，比方說在上一節（→P116）的單因素中，表示方式如下（路徑圖1）。

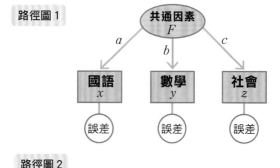

路徑圖1

$$x = a \times F + 誤差 \brace y = b \times F + 誤差 \brace z = c \times F + 誤差 \quad (a、b、c為常數)$$

此外，在雙因素時也是假設為下列的單純關係（假設有x、y、u、v、w「5個變數」）。這裡的F、G為2個「共通因素」，$a_x, b_x, \cdots, a_w, b_w$為「係數」（因素負荷量），路徑圖為圖2。

$$x = a_x \times F + b_x \times G + 誤差\, e_x$$
$$y = a_y \times F + b_y \times G + 誤差\, e_y$$
$$\vdots$$
$$w = a_w \times F + b_w \times G + 誤差\, e_w$$

不過也可以將路徑圖想成如圖3一樣複雜的結構。

當想要採用這種結構的模型時，就必須利用SEM（共變異數結構分析）來因應。

此時，係數$a_x, \cdots, b_w$稱為**路徑係數**。

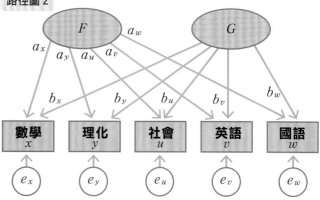

路徑圖2

$$L = pF + d_L、R = qF + d_R \brace x = a_x L + e_x \brace y = a_y L + e_y \brace u = a_u L + e_u \brace v = a_v L + b_v R + e_v \brace w = a_w L + b_w R + e_w \quad \cdots (1)$$

路徑圖3…學科成績依附在「左腦的能力L」及「右腦的能力R」之下，這個模型假設這些能力依附在「學力」這個因素F底下，而$d_L、d_R$表示L、R的誤差因素。

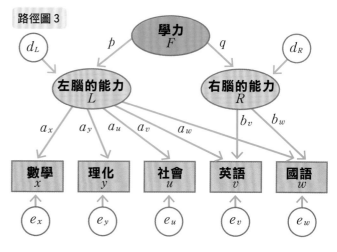

路徑圖3

● SEM的內容

SEM的內容十分簡單。與進行因素分析時相同，盡可能地讓實際的「變異數、共變異數」值，與從模型中計算出理論上的「變異數、共變異數」保持一致，並決定出模型內的「常數」（稱為**參數**）。

最簡單的決定方式就是利用「最小平方法」（→P111）；近年來，經常使用假設多變量為常態分配的「最大概似估計法」（決定參數，並讓資料獲得的機率達到最高的方法）。

從模型中獲取理論上的變異數及共變異數的值

比較

從資料中獲取實際的變異數及共變異數的值

SEM是利用線性模型，將資料的變異數及共變異數忠實地描繪在數學的畫布上。

● SEM的例題

利用下面的例題，來觀察SEM（共變異數結構分析）的做法。

> **例** 比對下方表格中20位學童的成績資料，將其假設為〔算式（1）〕的關係並進行分析。

編號	數學 x	理化 y	社會 u	英語 v	國語 w
1	71	64	83	100	71
2	34	48	67	57	68
3	58	59	78	87	66
4	41	51	70	60	72
5	69	56	74	81	66
6	64	65	82	100	71
7	16	45	63	7	59
8	59	59	78	59	62
9	57	54	84	73	72
10	46	54	71	43	62
11	23	49	64	33	70
12	39	48	71	29	66
13	46	55	68	42	61
14	52	56	82	67	60
15	39	53	78	52	72
16	23	43	63	35	59
17	37	45	67	39	70
18	52	51	74	65	69
19	63	56	79	91	70
20	39	49	73	64	60

① 根據資料，計算出變異數、共變異數的值（實際值）

這裡將變數標準化，整理成下列表格。

		數學 x	理化 y	社會 u	英語 v	國語 w
數學	x	1.000	0.866	0.838	0.881	0.325
理化	y	0.866	1.000	0.810	0.809	0.273
社會	u	0.838	0.810	1.000	0.811	0.357
英語	v	0.881	0.809	0.811	1.000	0.444
國語	w	0.325	0.273	0.357	0.444	1.000

② 根據模型的算式計算出變異數及共變異數（理論值）

與因素分析時相同，假設因素與誤差之間無相關性，進行變數的標準化，接著按照下列算式計算出來。

$$R_{LR} = pq$$
$$s_x^2 = a_x^2(p^2 + V(d_L)) + V(e_x)$$
$$\vdots$$
$$s_w^2 = a_w^2(p^2 + V(d_L)) + b_w^2(q^2 + V(d_R)) + 2a_w b_w R_{LR} + V(e_w)$$
$$s_{xy} = a_x a_y(p^2 + V(d_L)) + (a_x b_y + a_y b_x)R_{LR} \text{、}$$
$$\vdots$$
$$s_{vw} = a_v a_w(p^2 + V(d_L)) + b_v b_w(q^2 + V(d_R)) + (a_v b_w + a_w b_v)R_{LR}$$

這裡的 R_{LR} 為共通因素 L（左腦能力）與 R（右腦能力）的相關係數，$V(e_x)$ 為誤差的變異數。

③ 比較變異數和共變異數的理論值及實際值

比較①的實際值與②的理論值，便能求出常數 a_x ,…,R_{LR} 等值（這裡是利用最小平方法計算出來），結果為左方的路徑圖。

由此得知，「左腦的能力 L」除了國語之外，對於所有的科目皆具有極大的影響（路徑係數趨近於1），也認識到「右腦的能力 R」對國語有很大的影響。然而想要以學力 F 來解釋 L、R 的能力卻極為困難（路徑係數沒有趨近於1），因此這個統計模型不能說是充分地解釋資料。

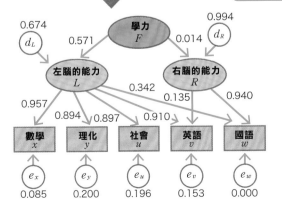

判別分析

在統計的現象中，我們經常會遇到非黑即白的問題，此時就要利用「判別分析」來解決。

● 何謂判別分析

當想要將資料中各個要素分「組」（亦即**群組**）時，**判別分析**就能協助我們找出分類的標準。在找到標準之後，變數特徵及資料性質也得以浮現出來。比如當思考「想要根據健康檢查資料找出潛藏代謝症候群的人時，應該利用哪種算式才好呢？」此時「判別分析」就能賦予相關的判斷標準。

儘管有數種判別分析的方法，不過這裡會介紹**線性判別分析**。

這個人有代謝症候群嗎？

舉例來說，光憑肥胖的外表來判斷是否有代謝症候群相當困難，此時就要利用判別分析來協助我們判斷。

已知有15位男女資料如下表，我們從這個資料中的「身高」和「體重」來觀察。由於在中央附近的男女混雜在一起，因此只靠身高或體重一項是難以分辨性別的。然而只要巧妙地將身高體重合成，有時就能清楚地區分男女的不同；找出這個「新變數」就是判別分析的主要目標。

編號	身高x	體重y	性別	編號	身高x	體重y	性別
1	170.1	45.7	女	8	169.7	52.7	男
2	159.9	55.2	女	9	163.0	55.0	男
3	159.4	49.5	女	10	161.4	69.5	男
4	151.0	57.8	女	11	168.6	61.0	男
5	165.8	54.7	女	12	162.5	66.1	男
6	153.4	50.9	女	13	161.4	61.2	男
7	161.2	46.8	女	14	167.9	63.5	男
				15	168.9	70.2	男

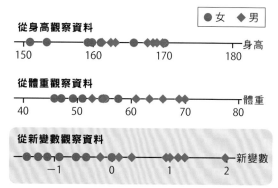

● 判別分析的內容

接著再看一次上方的資料。利用線性判別分析得到的「新變數」如下所示，此公式稱為線性**判別函數**。

公式

判別函數

新變數 $z = ax + by + c$ ‧‧‧（1）

（x和y為身高與體重，a、b、c為常數）

沿著這個「新變數z」將資料依序排列，讓男女如同分隔開來一般，以決定常數a、b、c的值。

決定的第一步，就是將「新變數z」的值分為右圖中的**組間偏差**與**組內偏差**兩種。

公式

組間偏差＝組內平均數－全體平均數
組內偏差＝資料值－組內平均數 ‧‧‧（2）

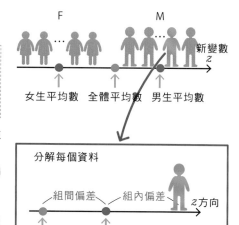

「全體平均數」是指全體資料中新變數z的平均值；「組內平均數」是指男生（或女生）中新變數z的平均值。而組間偏差是男女間隔，組內偏差則是代表組內的資料分布。

經過計算可以得知，新變數的**偏差平方和**S_T，與**群間偏差的平方和**S_B、**組內偏差的平方和**S_W兩者加總的和是一致的。

接下來，讓我們一起來看看**相關比**吧。

新變數z的偏差平方和S_T	=	組間偏差的平方和S_B	組內偏差的平方和S_W

公式

$$相關比 \ \eta^2 = \frac{S_B}{S_T} \cdots (3)$$

（η 讀成「Eta」）

$$相關比 \ \eta^2 = \frac{組間偏差的平方和S_B}{新變數z的偏差平方和S_T}$$

「組間偏差S_B」代表男女間隔，若這個比例達到最大，就能決定出男女間隔最大時的常數a、b、c；此稱為**判別函數的決策原理**。

● 判別分析的實際做法

根據左頁男女的資料來觀察判別分析的實際做法。

> **例** 已知有15位男女資料如下表。基於這個資料，判別身高165cm、體重56kg的人性別為何。

令判別函數為〔公式（1）〕。計算〔公式（2）〕資料的各個要素，並求出〔公式（3）〕的相關比。

編號	身高 x	體重 y	性別	新變數 z	組間偏差
1	170.1	45.7	女	170.1a+45.7b+c	-2.8a-5.8b
2	159.9	55.2	女	159.9a+55.2b+c	-2.8a-5.8b
3	159.4	49.5	女	159.4a+49.5b+c	-2.8a-5.8b
4	151.0	57.8	女	151.0a+57.8b+c	-2.8a-5.8b
5	165.8	54.7	女	165.8a+54.7b+c	-2.8a-5.8b
6	153.4	50.9	女	153.4a+50.9b+c	-2.8a-5.8b
7	161.2	46.8	女	161.2a+46.8b+c	-2.8a-5.8b
8	169.7	52.7	男	169.7a+52.7b+c	2.5a+5.1b
9	163.0	55.0	男	163.0a+55.0b+c	2.5a+5.1b
10	161.4	69.5	男	161.4a+69.5b+c	2.5a+5.1b
11	168.6	61.0	男	168.6a+61.0b+c	2.5a+5.1b
12	162.5	66.1	男	162.5a+66.1b+c	2.5a+5.1b
13	161.4	61.2	男	161.4a+61.2b+c	2.5a+5.1b
14	167.9	63.5	男	167.9a+63.5b+c	2.5a+5.1b
15	168.9	70.2	男	168.9a+70.2b+c	2.5a+5.1b
全平均	162.9	57.3		平方和S_T	平方和S_B
女平均	160.1	51.5			
男平均	165.4	62.4			

－2.8為女生平均身高－全體平均身高

－5.8為女生平均體重－全體平均體重

相加為組間偏差的平方和S_B

相加為新變數z的偏差平方和S_T

$= \eta^2$

2.5為男生平均身高－全體平均身高

5.1為男生平均體重－全體平均體重

用Excel計算出〔公式（3）〕的η^2達到最大時，判別函數〔公式（1）〕中a、b、c的常數。

$a = 0.085$、 $b = 0.109$

此外，常數c是透過判別函數來設定男女群組的平均值；可以根據z的正負號來區分性別的不同。決定好的〔公式（1）〕如下：

$z = 0.085x + 0.109y - 20.075$

求出新變數z的值，女生幾乎為負、男生幾乎為正（右表）。

因此，新資料中「身高165cm、體重56kg」的人的性別為：

$z = 0.085 \times 165 + 0.109 \times 56 - 20.075 = \underline{0.085}$

由於是正值，因此推測這個資料所代表的人為男性。**答**

編號	z（女）	編號	z（男）
1	-0.605	8	0.125
2	-0.436	9	-0.194
3	-1.101	10	1.253
4	-0.910	11	0.938
5	0.011	12	0.976
6	-1.459	13	0.347
7	-1.243	14	1.151
		15	1.968

線性判別函數的值
大致上將女生化為負、男生化為正的數值。

問卷資料的分析

「喜不喜歡」、「方不方便」、「設計好壞」等等，問卷項目大部分都是無法進行加減乘除的「質的資料」（➡P18），因此需要利用有別於到目前為止的多變量分析方式。

● 以具體例子來觀察如何數量化

想要將「喜不喜歡」、「方不方便」、「設計好壞」等抽象概念用於統計上面，必須進行**數量化**，使這些能夠比較大小；這裡以下面的具體例子來說明該如何數量化。

例1 下方資料為位於都市近郊車站附近販售的10戶新公寓價格，並調查採光的優劣、車站是否位於徒步圈內、每平方公尺的價格。基於此資料，試著將採光優劣、是否位於徒步圈內等項目數量化。

項目 **類別**

物件編號	採光	徒步範圍	價格（萬元／m²）
1	佳	圈外	36.4
2	佳	圈內	52.6
3	佳	圈內	54.6
4	差	圈內	38.4
5	差	圈外	22.3
6	佳	圈內	62.7
7	差	圈外	20.2
8	差	圈內	40.5
9	佳	圈內	50.6
10	佳	圈外	36.5

① 分配各項目的數值

將「採光」、「徒步範圍」稱為**項目**，採光的「好壞」、「是否」位於徒步圈內稱為**類別**，各項分配1和0的數值來區分好壞。另外，再分配a_1、a_2、b_1、b_2等數值給每個類別（這些值仍未定），並將這些稱為**類別權重**。

② 計算樣本分數

在每個要素（此例為每個物件）中，將類別權重與該項的0、1相乘，此稱為**樣本分數**。

（例）物件1的樣本分數為

$a_1 \times 1 + a_2 \times 0 + b_1 \times 0 + b_2 \times 1 = a_1 + b_2$

項目	採光		徒步範圍		樣本分數	價格
類別	（1）佳	（2）差	（1）圈內	（2）圈外		
權重	a_1	a_2	b_1	b_2		（萬元／m²）
物件1	1	0	0	1	a_1+b_2	36.4
物件2	1	0	1	0	a_1+b_1	52.6
物件3	1	0	1	0	a_1+b_1	54.6
物件4	0	1	1	0	a_2+b_1	38.4
物件5	0	1	0	1	a_2+b_2	22.3
物件6	1	0	1	0	a_1+b_1	62.7
物件7	0	1	0	1	a_2+b_2	20.2
物件8	0	1	1	0	a_2+b_1	40.5
物件9	1	0	1	0	a_1+b_1	50.6
物件10	1	0	0	1	a_1+b_2	36.5

③ 計算理論值與實際值差的平方和 Q

計算出樣本分數與實際值的差（誤差）的平方和 Q。

（例）物件1的誤差 $= 36.4 - (a_1+b_2)$

$$Q = \{36.4-(a_1+b_2)\}^2 + \{52.6-(a_1+b_1)\}^2 + \cdots + \{36.5-(a_1+b_2)\}^2$$

④ 計算出類別加權，讓 Q 達到最小

利用 Excel 等統計分析軟體，來計算出 a_1、a_2、b_1、b_2，讓樣本分數與實際值的誤差平方和 Q 最小化。如此一來便能得到類別加權的值。

$$a_1 = 36.6、a_2 = 21.1、b_1 = 18.5、b_2 = 0$$

● 經過數量化後能看出什麼?

在數量化後,便能以客觀的角度討論問卷質的資料的結果。在〔例1〕中,求出採光及步行到站項目的類別權重a_1、a_2與b_1、b_2的差。

採光的好壞:$a_1 - a_2 = 15.5$
能否步行到站:$b_1 - b_2 = 18.5$

「車站是否位於徒步圈內」的數值較大,由此可知「徒步範圍」對於價格的影響比起「採光好壞」還要大一些。公寓的建造者必須將這個因素考慮進來,以建立起未來的銷售計畫。

經數值化後,質的資料便能如此表示哦。

● 數量化的內容

所謂數量化,是指決定出資料,並儘可能讓項目價值相等的類別權重,利用數值將「資料重新評估」的分析法,從而將「喜不喜歡」、「方不方便」、「設計好壞」等抽象名詞中無法看出的具體事實變得顯而易見。

資料

物件編號	採光	徒步範圍	價格
1	佳	圈外	36.4
2	佳	圈內	52.6
3	佳	圈內	54.6
4	差	圈內	38.4
5	差	圈外	22.3
6	佳	圈外	62.7
7	差	圈外	20.2
8	差	圈內	40.5
9	佳	圈內	50.6
10	佳	圈外	36.5

重點在於跟資料取得平衡。

類別權重

● 數量化I類~IV類

在〔例1〕所使用的分析方法稱為「數量化I類」,其他常見的還有「數量化II~IV類」、以及「複變」分析。下面以具體例子介紹數量化III類,此分析方式與複變分析相同。

〔例2〕右表是某公司在舉辦費用5,000元的聚餐時,調查「用餐種類」的資料;這裡已經將參加者的「年紀」及「用餐種類」彙整為交叉分析表(項目上記入1)。試著將「年紀」及「用餐種類」數量化。

	日式	中式	西式	其他
2x歲		1		1
3x歲		1	1	
4x歲	1		1	1
5x歲	1		1	
6x歲	1			

當數值為雙變數的資料,在散布圖上「呈現對角線時」,代表具有極大的相關性;即便是質的資料,這個結論也適用。簡言之,將表格的直列與橫列項目的類別交換,讓選擇項目上的1呈現一條對角線(右表),如此一來,「年紀」與「用餐種類」便以左上到右下的順序,表示兩者之間具有極大的相關性。

	日式	西式	其他	中式
6x歲	1			
5x歲	1	1		
4x歲	1	1	1	
3x歲		1		1
2x歲			1	1

於是到目前為止無法排序的項目也能與數值一樣具有順序了,這就是數量化III類及複變分析的做法。

仔細觀察這個排列,可以看到越往右「年紀」越「輕」,換言之是以年紀排列,而且「用餐種類」越往右「卡路里越高」。由此可知當費用相同時,年紀大的人選擇卡路里較少的餐點,年紀輕的人則希望能享用卡路里較高的餐點。

(餐點)日式 西式 其他 中式 →
(年齡)6x歲 5x歲 4x歲 3x歲 2x歲

統計學人物傳 6 　林知己夫

林知己夫
（1918～2002）

日本的統計學家代表之一。
出處：統計數理研究所

　　為日本統計學家的代表之一，以提倡「資料的科學」而聞名。除了提出本章介紹的**數量化理論**之外，同時研究成果也橫跨社會調查及選舉預測等多種不同領域。

　　下面列舉幾個代表性的論點。

1. 數量化的理論

　　利用問卷中的質的資料進行「數量化」，將複雜及曖昧不清的現象以數字協助理解並解開回答案，以此作為目標而提出「數量化理論」。在當時沒有「資料分析」概念的狀況下，被譽為是一項劃時代的觀點，此後便以「林的數量化理論」名稱而廣為人知。

　　數量化理論的內容是從數量化第I類到第IV類，本書介紹的是最容易理解的「第I類」做法。對於視市場調查如家常便飯的現代而言，它成為一種不可或缺的統計分析手法。

2. 有關日本人國民性的統計研究

　　為了掌握日本人的價值觀及心理上的變化，於是從1953年開始，實施每5年1次、長達50年的「日本人國民性調查」。從結果中得知日本人對於週遭人際關係的認識沒有多大變化，同時也解開所謂傳統回歸現象的本質。這個可謂計量文明論的分析法是當時全世界前所未見的一種文明論方法，這裡於下方展示其結果範例。

3. 意識的國際比較方法論研究

　　將上述「日本人國民性的統計研究」中所確立的方法加以發展，進行比較各國文化及國民性差異的研究。為了讓不同國家之間的意識調查結果能夠互相比較，於是又提出「連鎖比較調查分析法」。基於這個方法，讓國際性的共同調查研究得以遍及歐洲、亞洲各國以及巴西等國。

4. 針對移動調查對象群體的樣本調查理論

　　在推測頻繁活動的動物個數時，會因調查對象移動而難以進行調查。針對這種情況，以典型推測野兔個數的問題為例，提出了全新的推測手法模型。

　　以上的研究內容，正是一開始所提到的「資料的科學」實例，它使得統計學的應用範圍得以迅速擴張。雖然現代統計學的熱潮也受到IT發展很大的影響，但是林氏的研究貢獻不可謂不大。

第2次和第12次的「日本國民性」調查
「相信有來生」的人數比例（年齡層別%）

	相信	半信半疑	不相信	其他、不知道	合計
1958年					
全體	20	12	59	9	100
20－34歲	13	13	66	7	100
35－49歲	19	11	62	8	100
50－64歲	33	10	48	10	100
65歲以上	35	16	29	20	100
2008年					
全體	38	23	33	6	100
20－34歲	46	20	30	4	100
35－49歲	41	23	29	7	100
50－64歲	36	22	37	5	100
65歲以上	32	25	33	9	100

出處：http://www.ism.ac.jp/ism_info_j/labo/column/125.html

7

貝氏統計學

乘法定理

貝氏理論的基礎為「貝氏定理」；想要了解「貝氏定理」，必須具備機率的知識。

● 機率的複習及符號

先前已經介紹過機率的意義（➡P52），這裡再複習一次。

要理解機率，最適合的工具就是骰子，因此這裡就以擲出一顆骰子得到「點數」的事件來觀察吧。此時擲出骰子的操作稱為**試驗**，在試驗得到的結果當中，符合條件的「結果集合」稱為**事件**；例如「在擲出一顆骰子的試驗中出現奇數點數的事件」，就是指試驗結果為「點數1、3、5」的集合。

試驗中得到的所有結果集合稱為**全部事件**，通常以U來表示。以這個骰子的例子來看，出現點數為1、2、3、4、5、6的集合就是全部事件。

機率的定義如〔公式（1）〕所示（➡P52），此稱為**數學機率**。

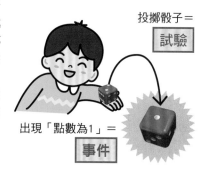

投擲骰子＝
試驗

出現「點數為1」＝
事件

$$機率（數學機率）p = \frac{作為條件的事件發生次數（A）}{所有可能發生的現象次數（U）} \quad \cdots \quad (1)$$

在大多數的文獻中，機率的表示方法就如右圖所示。「全部結果U」（亦即「全部事件」）為粗線內發生的事件、每個點是「出現結果」、圓內為「條件的結果」（事件A）。〔公式（1）〕的值是以圓內（事件A）的點數除以所有在粗線內U的點數而得到的。

那麼利用符號讓〔公式（1）〕左邊的項目簡單表示吧，出現事件A的機率如下所示：

$P(A)$ …出現事件 A 的機率

U（全部事件）

A

$P(A)$的示意圖

例1 當擲出1顆骰子時，令A為「出現點數4以下的事件」、B為「出現點數為偶數的事件」；此時出現事件A及B的機率分別為$P(A)$、$P(B)$，表示方式如下。

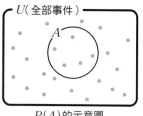

$$P(A) = \frac{4}{6}\left(=\frac{2}{3}\right) \qquad P(B) = \frac{3}{6}\left(=\frac{1}{2}\right)$$

● 聯合機率與條件機率

假設觀察A、B兩個事件，將A、B同時發生的事件以$A \cap B$來表示，而發生$A \cap B$事件的機率則為$P(A \cap B)$；此稱為事件A、B的**聯合機率**。

例2 當擲出1顆骰子時，令A為「出現點數4以下的事件」、B為「出現點數為偶數的事件」；試求$P(A \cap B)$的機率。$A \cap B$代表「點數在4以下且為偶數的事件」，也就是點數為2、4的情況。因此得到，

$$P(A \cap B) = \frac{2}{6} = \frac{1}{3} \text{ 答}$$

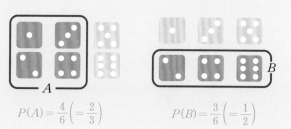

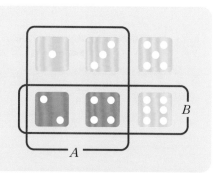

● 條件機率

在某事件 A 發生的條件之下事件 B 發生的機率,稱為在 A 之下發生 B 的**條件機率**,以符號 $P(B \mid A)$ 來表示。

【註】假設 $P(A) \neq 0$。另外,在高中的教科書上是以 $P_A(B)$ 來表示 $P(B \mid A)$。

條件機率 $P(B \mid A)$ 是一個不易理解的符號。可是在貝氏定理中,條件機率卻具有本質上重要的意義,因此需要充分地加以理解。

例3 當擲出 1 顆骰子時,令 A 為「出現點數 4 以下的事件」、B 為「出現點數為偶數的事件」。此時:

$P(B \mid A)$ =「當出現 4 以下的點數時,點數為偶數的機率」= $\dfrac{2}{4}$

$P(A \mid B)$ =「當出現偶數的點數時,點數為 4 以下的機率」= $\dfrac{2}{3}$

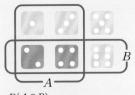

$P(A \cap B)$
= A 和 B 同時發生的機率
= $\dfrac{2}{6}$

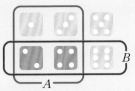

$P(B \mid A)$
= 當 A 發生時,B 發生的機率
= $\dfrac{2}{4}$

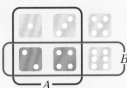

$P(A \mid B)$
= 當 B 發生時,A 發生的機率
= $\dfrac{2}{3}$

● 乘法定理

乘法定理的意義如下。貝氏定理可以根據此乘法定理輕鬆求出。

| 定理 | $P(A \cap B) = P(A)P(B \mid A) = P(B)P(A \mid B) \cdots (2)$ |

A 和 B 同時發生的機率,只要以發生 A 的機率,乘以當 A 發生時 B 發生的機率來計算,便能輕鬆記憶哦。

這個定理可以運用簡單的機率定義〔公式(1)〕便能求出,在〔例3〕中確認一下吧。

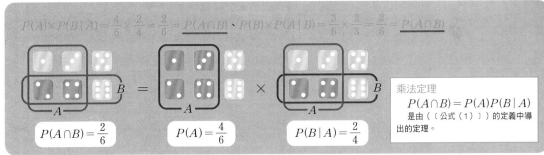

$P(A) \times P(B \mid A) = \dfrac{4}{6} \times \dfrac{2}{4} = \dfrac{2}{6} = P(A \cap B)$、$P(B) \times P(A \mid B) = \dfrac{3}{6} \times \dfrac{2}{3} = \dfrac{2}{6} = P(A \cap B)$

$P(A \cap B) = \dfrac{2}{6}$ $P(A) = \dfrac{4}{6}$ $P(B \mid A) = \dfrac{2}{4}$

乘法定理
$P(A \cap B) = P(A)P(B \mid A)$
是由(〔公式(1)〕)的定義中導出的定理。

例4 在水缸中放有寫上數字 1 到 4 的白球、寫上數字 1 到 3 的黃球,以及寫有數字 1 和 2 的紅球共 9 顆。從水缸中隨機抽出 1 顆,令抽到紅球的事件為 A、抽到 1 號的事件為 B。試求 $P(A \cap B)$、$P(A)$、$P(B \mid A)$,驗證乘法定理是否成立。

$P(A \cap B) = \dfrac{1}{9}$、$P(A) = \dfrac{2}{9}$、$P(B \mid A) = \dfrac{1}{2}$

$P(A)P(B \mid A) = \dfrac{2}{9} \times \dfrac{1}{2} = \dfrac{1}{9} = P(A \cap B)$ 答

貝氏定理

本節將介紹貝氏理論的中心「貝氏定理」。

貝氏定理

根據上一節（➡P127）的乘法定理〔算式（2）〕，便能簡單地求出下列公式，此為**貝氏定理**。

> **定理**
> $$P(A \mid B) = \frac{P(B \mid A)P(A)}{P(B)} \cdots \quad (1)$$

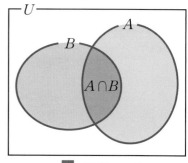

然而，這只不過是將「乘法定理」的算式稍加轉換罷了，不僅過於簡化且實用性並不高；於是這裡將 A 解釋為「原因」或「假設」（Hypothesis）、B 解釋為「結果」或「資料」（Data）。

$A =$「原因」或「假設」（Hypothesis）

$B =$「結果」或「資料」（Data）

為了要明確表示出這樣的解釋，因此將貝氏定理〔算式（1）〕改寫如下。H 代表原因、假設，D 代表資料。

解釋 A、B

> **定理**
> $$P(H \mid D) = \frac{P(D \mid H)P(H)}{P(D)} \cdots \quad (2)$$
>
> 簡單說明的話，
> 就是指當得到 D 時，在這個因素下為 H 的機率為
> $$= \frac{得到 D 的機率}{在 H 的條件之下發生 D 的機率 \times H 成立時的機率}$$

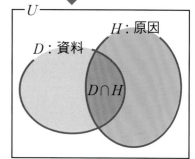

原因機率

機率 $P(H \mid D)$ 為「H 為得到 D 的原因」的條件機率，代表資料已知時求出原因的機率。在這個意義下，〔算式（2）〕的 $P(H \mid D)$ 稱為資料 D 的**原因機率**（相反地，$P(D \mid H)$ 稱為**結果機率**）。

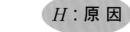

結果機率 $P(D \mid H)$　　原因機率 $P(H \mid D)$

將這張圖牢牢記住吧。

在貝氏理論中所使用的機率名詞

貝氏理論中，除了上述的原因機率外，還會為〔算式（2）〕的機率加上特別的名稱。

機率符號	名稱	意義
$P(H \mid D)$	事後機率	當獲得資料 D 時，原因是 H 所造成的機率。
$P(D \mid H)$	概似值	基於原因 H 下，獲得資料 D 的機率。
$P(H)$	事前機率	（獲得資料 D 之前）原因 H 成立的機率。

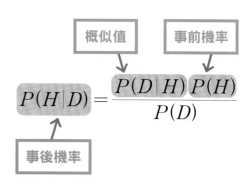

概似值　　事前機率

$$P(H \mid D) = \frac{P(D \mid H)P(H)}{P(D)}$$

事後機率

● **以例題來觀察**

> **例** 在某地區的氣象統計中，4月1日為陰天的機率為0.6，第2天下雨的機率為0.4。此外，當1號為陰天時，第2天下雨的機率為0.5，試求這個地區中，當2號下雨時，前一天為陰天的機率。

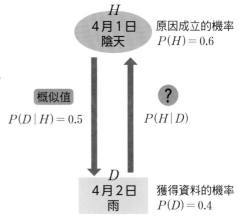

原因H、資料D的解釋如下。

H ⋯（原因）1號陰天

D ⋯（資料）2號下雨

於是，我們想要得到「2號下雨時，前一天為陰天」的機率，為下列的條件機率。

$P(H \mid D) = P$（1號陰天｜2號下雨）

另外，根據題意得到，

$P(H) = 0.6$、$P(D) = 0.4$、$P(D \mid H) = 0.5$

這裡利用貝氏定理的〔算式（2）〕。

$$P(H \mid D) = \frac{P(D \mid H)P(H)}{P(D)} = \frac{0.5 \times 0.6}{0.4} = \frac{3}{4} \quad \boxed{答}$$

貝氏機率

在〔例題〕當中，我們使用了天氣的機率，這裡的機率是指統計機率（➡P53）。話說回來，我們每天在電視、廣播、網路上看到「明天的降雨機率為70%」的機率，並非例題中所使用的統計機率的概念。

日本氣象廳用於氣象預報時的機率如下所述：

降雨機率70%，代表**「作出100次70%的預報時，大約有70次會降下1毫米以上的雨量」**。

【註】根據http://www.jma.go.jp/jma/kishou/know/faq/faq10.html

然而，所謂「作出100次預報」中的100次，必須要出現在相同的條件下才行；可是氣象是一種複雜多變的現象，不可能出現條件完全相同的日子。如此一來，以相同條件作為前提的一般機率論便無法派上用場了。使用在氣象預報上的機率，大多是依賴人類的直覺及經驗，並有著超越數學機率論的背景。

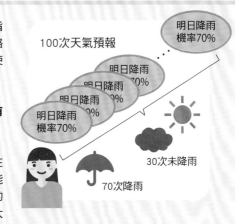

貝氏機率論就是活用這種經驗及直覺的機率，並以數學來表示；而應用在統計學上的就是**貝氏統計論**。在這樣的意義下，利用貝氏理論的機率就稱為**貝氏機率**或**主觀機率**。

此外，左頁〔貝氏定理〕的〔算式（1）（2）〕可以由數學機率（➡P52）中導出；然而想要用數學證明加入經驗及直覺的貝氏機率卻多有矛盾，因此這裡必須將貝氏定理重新定義一次。

實際上機率的種類多不勝數，使得它開始變得稍微複雜起來；但只要具備下列性質的話，所有的數學家們皆會稱為機率，此稱為**柯爾莫哥洛夫公理**（Kolmogorov axioms）。

> ①某個事件發生的機率在0以上、1以下。
> ②所有事件（➡P52、126）發生的機率為1。
> ③當事件A、B沒有共通的要素時，A、B任一方發生的機率，為發生A的機率與發生B的機率和（加法定理➡P53）。

貝氏機率符合柯爾莫哥洛夫公理，且為要求乘法定理（➡P127）成立的機率，因此得以比數學機率更廣泛地運用在世界上所有的現象。

貝氏定理的轉換

將上一節導出的「貝氏定理」加以轉換，並導出實用的公式。

● 當原因為複數時的貝氏定理

根據第127頁的乘法定理〔算式（2）〕，我們可以簡單地獲得下列算式，這就是**貝氏定理**。

$$P(H \mid D) = \frac{P(D \mid H)P(H)}{P(D)} \cdots \quad (1)$$

D為資料、H為原因，可是需要思考的原因通常不只1個，因此假設有2種原因，並命名為H_1、H_2。這裡將重點放在原因H_1，利用〔算式（1）〕將H替換為H_1。

$$P(H_1 \mid D) = \frac{P(D \mid H_1)P(H_1)}{P(D)} \cdots \quad (2)$$

假設原因H_1、H_2相互獨立，由於資料D是由原因H_1或H_2所產生出來的，因此表示方式如下：

$$P(D) = P(D \cap H_1) + P(D \cap H_2) \cdots \quad (3)$$

這裡可以利用機率的「乘法定理」（→P127）來計算。

$$P(D) = P(D \mid H_1)P(H_1) + P(D \mid H_2)P(H_2) \cdots \quad (4)$$

【註】〔算式（3）〕及〔算式（4）〕稱為**全機率定理**（或**全機率公式**）；將結果代入〔算式（2）〕計算。

> **定理**
>
> $$P(H_1 \mid D) = \frac{P(D \mid H_1)P(H_1)}{P(D)} \cdots \quad (5)$$
>
> （在這裡，$P(D) = P(D \mid H_1)P(H_1) + P(D \mid H_2)P(H_2)$）

此即為以「2種原因」作為目標的「貝氏定理」。

$P(H_2 \mid D)$也能用相同的方式求得；此外，當原因有3種時，也可以簡單地利用〔算式（5）〕進行一般化處理。

● 運用貝氏定理的計算方法

貝氏理論的機率是以〔算式（5）〕或將其展開的公式所計算來的。

這裡的〔算式（5）〕一眼便知是由下列3個步驟計算出機率。

① 先模型化，接著計算出「概似值」$P(D \mid H_1)$、$P(D \mid H_2)$
② 設定「事前機率」$P(H_1)$、$P(H_2)$
③ 將①②代入貝氏定理的〔算式（5）〕（以及將其展開的算式），以計算出事後機率。

利用獲得的「事後機率」，以計算各種機率的就是貝氏理論的基本架構。

利用右邊的〔範例〕加以確認吧。

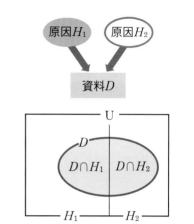

當原因沒有重複時，D是以$D \cap H_1$、$D \cap H_2$兩者的和來表示。

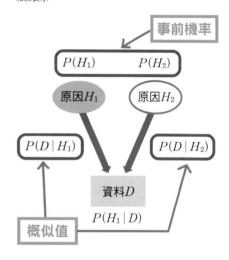

貝氏理論的計算，原則上是以遵循3個步驟來實行。

①模型化，計算概似值　②設定事前機率　③根據貝氏的展開公式計算出事後機率

計算開始

計算完成

貝氏理論的計算有3個階段

> **例** 為了發現疾病X所作的檢查T，已知有以下內容。
>
> ・利用檢查T檢驗患有疾病X的人時，有98％的機率可以正確地判斷出患有疾病（也就是陽性反應）。
>
> ・利用檢查T檢驗沒有患病的人時，有5％的機率會誤判為患有疾病（也就是陽性反應）。
>
> ・所有人患有疾病X及沒有患病的比例分別為3％、97％。
>
> 某人接受檢查T的檢驗，而判定出患有疾病（也就是陽性反應），試求此人真正患有疾病的機率。

根據下列3個步驟求出機率。

步驟 1 先模型化，接著計算出「概似值」$P(D \mid H_1)$、$P(D \mid H_2)$

可以將資料D視為是由2個原因H_1、H_2所產生的。

H_1：患有疾病X

H_2：沒有患病

D：利用檢查判定患有疾病

根據題意，概似值如下。

$$P(D \mid H_1) = 判斷病人為陽性的機率 = 0.98$$
$$P(D \mid H_2) = 判斷健康的人為陽性的機率 = 0.05 \Big\} ①$$

步驟 1

正在生病   沒有生病

原因H_1 原因H_2

$P(D \mid H_1) = \underline{0.98}$ $P(D \mid H_2) = \underline{0.05}$

概似值   資料D 檢查為陽性   概似值

步驟 2 設定 「事前機率」 $P(H_1)$、 $P(H_2)$

根據題意，因為「所有人患有疾病X及沒有患病的比例分別為3％、97％」，所以檢查前的事前機率設定如下：

$$P(H_1) = 患有疾病X的機率 = 0.03$$
$$P(H_2) = 沒有得到疾病X的機率 = 0.97 \Big\} ②$$

步驟 2

患有疾病X的人   沒有得到疾病X的人

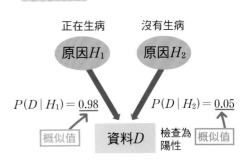

3%   97%

$P(H_1) = 0.03$ $P(H_2) = 0.97$

事前機率

步驟 3 將①②代入貝氏定理中， 計算 「事後機率」

想要得到「當檢查為陽性時，實際上患病的機率」的結果，可以用 $P(H_1 \mid D)$ 來表示；它符合「貝氏定理」的〔算式 (5)〕，因此將①②的機率代入。

$$P(H_1 \mid D) = \frac{0.98 \times 0.03}{0.98 \times 0.03 + 0.05 \times 0.97} = \frac{294}{779} \quad \boxed{答}$$

步驟 3

$P(H_1) = 0.03$ $P(H_2) = 0.97$

原因H_1 原因H_2

$\boxed{P(H_1 \mid D)}$

$P(D \mid H_1) = 0.98$ $P(D \mid H_2) = 0.05$

資料D

> **答**
> 得到答案約38％。所以即使「利用檢查T診斷患有疾病」，但實際上生病的機率卻僅有約38％，著實令人意外。這是因為人們的注意力受到「概似值」的影響，因而結果出現偏離「事前機率」的特性。當生病的人在檢查有98％的機率下診斷出疾病時，病人往往會認為自己真的生病了；但如果檢查會出現誤診，多數的正常人大多會被判定為患有疾病，這種誤診的情況理所當然會遭到遺漏。

不充分理由原則與貝氏更新

即便是沒有賦予完整條件的問題，貝氏理論也會勇敢地正面挑戰。

● 不充分理由原則

強調貝氏理論「柔軟性」的**不充分理由原則**，我們以下面的具體範例來介紹。

> **例1** 有一個從外觀完全無法分辨是 A 公司或 B 公司製成的不透明水缸。在 A 公司的水缸中放進 3 顆紅球、7 顆白球，在 B 公司的水缸中放進 6 顆紅球、4 顆白球。當我們從水缸中抽出 1 顆球時，得到的是紅球，試求水缸為 A 公司製造的機率。

這個問題無法用過去的數學機率論解決，因為這裡欠缺了 A 公司或 B 公司製造的水缸是怎麼出現的重要資訊，然而貝氏理論中「不充分理由原則」的構想卻能加以克服；我們以下面 3 個步驟進行。

步驟1 先模型化，接著計算出「概似值」 $P(D \mid H_A)$、 $P(D \mid H_B)$

當抽出 1 顆球時，令選中水缸 A 的事件為 H_A、選中水缸 B 的事件為 H_B、選中紅球的事件為 D。由於水缸 A、B 中分別放有 3 顆紅球、7 顆白球以及 6 顆紅球、4 顆白球，因此

$$P(D \mid H_A)(= \text{A 公司製水缸中抽出紅球的機率}) = \frac{3}{10}$$
$$P(D \mid H_B)(= \text{B 公司製水缸中抽出紅球的機率}) = \frac{6}{10} \left.\right\} ①$$

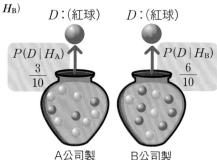

步驟 2 設定「事前機率」 $P(H_A)$、 $P(H_B)$

當要求事前機率 $P(H_A)$、$P(H_B)$ 時出現一個問題，那就是我們對於選擇水缸 A、B 的機率 $P(H_A)$、$P(H_B)$ 不清楚。此時貝氏理論可以利用下面的思考方式，協助我們開啟道路。

> 若沒有給予條件時，機率為「相等機率」

這個觀點就是**不充分理由原則**，更進一步地說，事前機率的設定如下。

$$P(H_A) = \frac{1}{2}、P(H_B) = \frac{1}{2} \left.\right\} ②$$

> 當不知道哪邊比較容易發生時，就採用「相同機率」！

步驟 3 將①②代入貝氏定理，計算事後機率

求想要得到的機率以 $P(H_A \mid D)$ 表示，根據「貝氏定理」的〔算式（5）〕（➡P130）中得到：

$$P(H_A \mid D) = \frac{P(D \mid H_A)P(H_A)}{P(D \mid H_A)P(H_A) + P(D \mid H_B)P(H_B)}$$

將①②的值代入後便能得到答案：

$$P(H_A \mid D) = \frac{\dfrac{3}{10} \times \dfrac{1}{2}}{\dfrac{3}{10} \times \dfrac{1}{2} + \dfrac{6}{10} \times \dfrac{1}{2}} = \frac{\dfrac{3}{20}}{\dfrac{9}{20}} = \frac{1}{3} \quad \text{答}$$

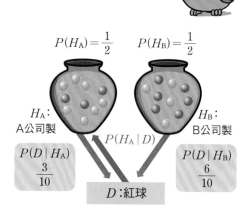

● 貝氏更新

這裡以下面的具體例子，介紹貝氏理論學習應用上不可或缺的**貝氏更新**。

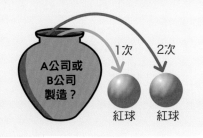

例2 在〔例1〕的水缸中，將抽出的球放回原位，充分搖晃水缸之後再抽出1顆，於是又得到紅球；試求這時水缸為A公司製造的機率。

1次　2次
紅球　紅球

再抽出一次球會變得如何呢？

機率計算的模型與左頁的〔例1〕完全相同，根據貝氏的計算方法（➡P130），依序進行3個步驟。

步驟1 先模型化，接著計算出「概似值」 $P(D|H_A)$、 $P(D|H_B)$
與〔例1〕完全相同 ①

貝氏更新
將之前的資訊活用於下次計算機率時的事前機率上。

步驟2 設定「事前機率」 $P(H_A)$、 $P(H_B)$

這裡應該利用加入「事前機率」 $P(H_A)$、 $P(H_B)$ 第1次「抽出紅球」資訊的機率，這就是「貝氏更新」的構想，將之前的資訊加入事前機率當中。

這裡使用 $(P(H_A)+P(H_B)=1)$ 所有機率為1的條件。

利用〔例1〕的資訊

$$P(H_A)=\frac{1}{3}、 P(H_B)=1-\frac{1}{3}=\frac{2}{3} \Big\} ②$$

A水缸　　B水缸

步驟3 將①②代入貝氏定理，計算「事後機率」

求想要得到的機率以 $P(H_A|D)$ 表示，根據「貝氏定理」的〔算式（5）〕（➡P130）中得到：

$$P(H_A|D)=\frac{P(D|H_A)P(H_A)}{P(D|H_A)P(H_A)+P(D|H_B)P(H_B)}$$

將①②的值代入後便能得到答案。

$$P(H_A|D)=\frac{\frac{3}{10}\times\frac{1}{3}}{\frac{3}{10}\times\frac{1}{3}+\frac{6}{10}\times\frac{2}{3}}=\frac{\frac{3}{30}}{\frac{15}{30}}=\underline{\frac{1}{5}} \text{ 答}$$

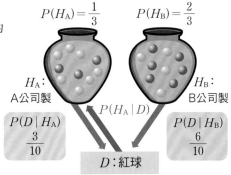

$$P(H_A)=\frac{1}{3} \qquad P(H_B)=\frac{2}{3}$$

H_A：
A公司製

H_B：
B公司製

$P(H_A|D)$

$P(D|H_A)$
$\frac{3}{10}$

$P(D|H_B)$
$\frac{6}{10}$

D：紅球

貝氏網路

　　請看上方「步驟3」的圖。根據資料「出現紅球」的結果，回頭求出其原因A公司製水缸的機率；此外，事前機率 $P(H_A)$、 $P(H_B)$ 是利用之前〔例1〕的結果（事後機率）。像這樣「貝氏定理」和「貝氏更新」的交互運用，便能往回計算出原因的機率，利用這個構想的正是**貝氏網路**。

　　比如從事故原因的分析來思考，在複雜的現代社會中，發生事故時的要因形形色色，可以視為是以複雜的機率關係連結在一起。在調查發生事故原因的要因時，若要因的機率能夠化為具體的數值，可是相當有幫助的一件事，而利用貝氏網路將其模型化，便能讓這種想法付諸實現。

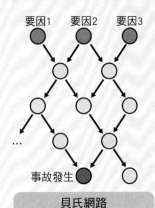

要因1　要因2　要因3

...

事故發生

貝氏網路

單純貝氏分類器

讓貝氏理論的能力廣為人知的代表性理論之一，就是稱為「貝氏分類」的「分類理論」。

● 貝氏分類

貝氏分類是利用貝氏理論，讓已知的對象根據「目的類別」進行「分類」的方法。能夠依序處理複數設定資訊的貝氏理論，可在文件包含大量分類關鍵字時，發揮其強大的威力。

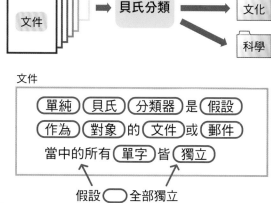

● 單純貝氏分類器

貝氏分類的應用之一就是**單純貝氏分類器**；它是利用貝氏理論，將不需要的文件及郵件以「機率」來「排除」的方法，這裡介紹當中最簡單的理論——**單純貝氏分類器**。它是假設對象內容當中的所有單字皆為獨立，以進行篩選文件或郵件的方法。雖說要假設「文件或郵件中的所有單字獨立」非常麻煩，但在實用上卻具有極大的效果。

在下列例題當中，觀察單純貝氏分類器代表性的應用範例「垃圾郵件」的分類方式。大部分的垃圾郵件都是利用「特殊單字」來處理，例如含有成人暗示的垃圾郵件經常使用「免費」、「偶像」等單字，因此分類器將用到這些單字的郵件視為「有垃圾郵件的感覺」。

反之，也有垃圾郵件不會用到的單字。像「統計」、「經濟」這類單字，通常垃圾郵件都不會使用；於是我們將用到這些單字的郵件，視為「有一般郵件的感覺」。

將這些「感覺」分類，以進行單純貝氏分類器的理論分析。

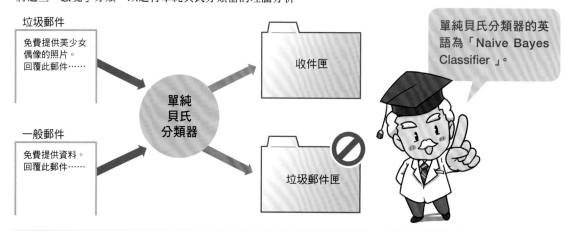

單純貝氏分類器的英語為「Naive Bayes Classifier」。

例 為了找出「垃圾郵件」及「一般郵件」，於是將焦點放在「偶像」、「免費」、「統計」、「經濟」這4個單字上；下表顯示這些單字包含在垃圾郵件與一般郵件內的機率，因此在調查某封郵件時，會以下列單字依序檢查一次。

偶像、經濟

觀察一下這封郵件，應該歸類在「垃圾郵件」還是「一般郵件」中呢？另外，假設在收件匣中，垃圾郵件和一般郵件的比率為7:3。

單字	H_1（垃圾）	H_2（一般）
偶像	0.6	0.1
免費	0.5	0.3
統計	0.01	0.4
經濟	0.05	0.5

以第130頁所介紹的「3個步驟」，來調查垃圾郵件、一般郵件的機率。

步驟1 先模型化，接著計算概似值 $P(D \mid H_1)$、 $P(D \mid H_2)$

以下圖的方式模型化，並且令原因H_1、H_2與資料$D_1 \sim D_4$的意義如右表所示。

原因	意義
H_1	為垃圾郵件
H_2	為一般郵件

資料	意義
D_1	找出「偶像」的單字
D_2	找出「免費」的單字
D_3	找出「統計」的單字
D_4	找出「經濟」的單字

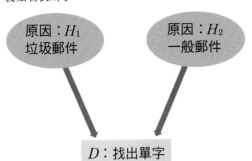

原因：H_1 垃圾郵件　　原因：H_2 一般郵件

D：找出單字

概似值 $P(D \mid H_1)$、$P(D \mid H_2)$為「被找出單字」的出現機率，如右表所示。

【註】在本例中沒有包含「免費」、「統計」等單字，這裡先將它們忽略。

找出的單字	$P(D \mid H_1)$	$P(D \mid H_2)$	
D_1（偶像）	0.6	0.1	
D_2（免費）	0.5	0.3	①
D_3（統計）	0.01	0.4	
D_4（經濟）	0.05	0.5	

步驟2 設定 「事前機率」 $P(H_A)$、 $P(H_B)$

在〔範例〕中，由於「收件匣的垃圾郵件和一般郵件的比率為7：3」，因此將這些加入「事前機率」當中。

事前機率	$P(H_1)$	$P(H_2)$	
機率	0.7	0.3	②

步驟3 將①②代入貝氏定理， 計算 「事後機率」

因為「偶像」的單字最先被檢查出來，利用「貝氏定理」（→P130）來計算這個單字出現在郵件時「屬於垃圾郵件的機率」。

$$P(H_1 \mid D_1) = \frac{P(D_1 \mid H_1)P(H_1)}{P(D_1)} = \frac{0.6 \times 0.7}{P(D_1)} \cdots \quad (1)$$

接著第2次檢查出「經濟」的單字，於是利用貝氏定理計算這個單字出現在郵件時屬於垃圾郵件的機率。此時利用**貝氏更新**，將上面〔算式（1）〕的值用於「事前機率」上。

$$P(H_1 \mid D_4) = \frac{P(D_4 \mid H_1)P(H_1)}{P(D_4)} = \frac{0.05 \times 0.6 \times 0.7}{P(D_1)P(D_4)} = \frac{0.021}{P(D_1)P(D_4)} \cdots \quad (2)$$

〔算式（1）〕的值

同樣地，也要計算出「屬於一般郵件的機率」。

$$P(H_2 \mid D_4) = \frac{0.5 \times 0.1 \times 0.3}{P(D_1)P(D_4)} = \frac{0.015}{P(D_1)P(D_4)} \cdots \quad (3)$$

由〔算式（2）（3）〕中可以得知，〔算式（2）〕的機率比較大，因此這封郵件便歸類於「垃圾郵件」之下。

在〔算式（2）（3）〕中得知，在單純貝氏分類器中，只要將②的事前機率乘以單字出現的機率（去除分母的常數），便能得到出現機率；根據它能夠簡單計算的性質，便將它冠上「單純」的名稱。

> 將直列相乘以比較數值大小，便能加以判別。

找出的單字	H_1（垃圾）	H_2（一般）
D_1（偶像）	0.6	0.1
D_4（經濟）	0.05	0.5

	H_1（垃圾）	H_2（一般）
事前機率	0.7	0.3

貝氏統計學的原理

統計學中的資料是以服從「某機率分配」（➡P58）來獲得，貝氏理論中所規定的機率分配母數（➡P88）使用方式與過去的統計學大不相同。

● 過去的統計學與貝氏統計的母數思考方式

過去的統計學，是將機率分配的「母數固定」（也就是視為「常數」），在這個常數所規定的機率分配中，計算出資料的「發生機率」，以觀察此母數的適合度（➡第5章）。可是貝氏統計學卻是**將母數視為隨機變數**，並根據獲得的資料來計算母數的隨機分配。

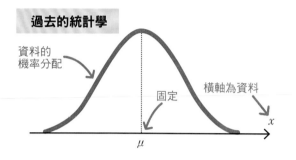

過去的統計學

資料的機率分配

固定

橫軸為資料

μ

x

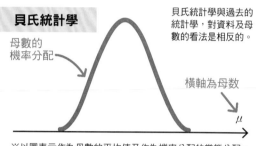

貝氏統計學

母數的機率分配

橫軸為母數

μ

貝氏統計學與過去的統計學，對資料及母數的看法是相反的。

※以圖表示作為母數的平均值及作為機率分配的常態分配。

過去的統計學是「以母數為出發點」，而貝氏統計學是「以資料為出發點」。在這樣的意義下，過去的統計學是「以母數為主角」，而貝氏統計學則是「以資料為主角」。

過去的統計學

資料

母數
（平均數、變異數）

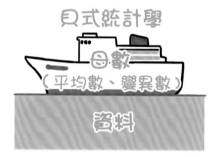

貝式統計學

母數
（平均數、變異數）

資料

可以比喻為過去統計學的資料是浮在母數的海上，而貝氏統計學的母數是浮在資料的海上。

● 在「貝氏定理」中加入母數

貝氏理論的基礎為「貝氏定理」（➡P128）。

$$P(H \mid D) = \frac{P(D \mid H)P(H)}{P(D)} \quad \cdots (1)$$

貝氏統計學主張「將母數視為隨機變數，並根據資料調查其機率分配」，按照下列原理來實現這樣的構想。

> **將母數視為貝氏定理的原因**

貝氏定理是已知「當資料為 D 時，原因為 H」時的機率公式。在貝式統計學中，將原因 H 換成母數 θ 的值，重新解釋為貝氏定理中已知〔算式（1）〕為「資料為 D 時，母數的值為 θ」的機率公式。

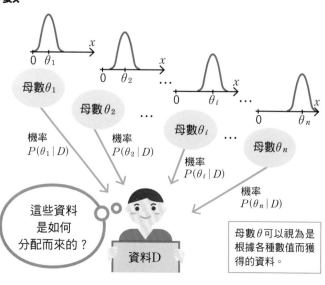

母數 θ_1

母數 θ_2

母數 θ_i

母數 θ_n

機率 $P(\theta_1 \mid D)$

機率 $P(\theta_2 \mid D)$

機率 $P(\theta_i \mid D)$

機率 $P(\theta_n \mid D)$

這些資料是如何分配而來的？

資料D

母數 θ 可以視為是根據各種數值而獲得的資料。

導出貝氏統計學的基本公式

將貝氏定理中〔算式（1）〕的原因 H 改寫成母數的值 θ；資料 D 在統計學中為一般數值，因此替換為 x。另外，因為機率分配是以機率密度函數來表示，所以將「機率符號」$P(D \mid H)$ 換成「機率密度函數的符號」$f(x \mid \theta)$（見下圖）；還有分母是從資料獲得的機率，這裡將它視為常數，於是便可得出公式如下：

公式 $\quad w(\theta \mid x) = k f(x \mid \theta) w(\theta) \cdots$ （2）

這個便是**貝氏統計學的基本公式**。

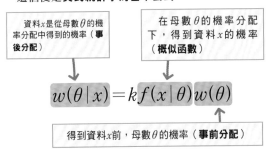

資料 x 是從母數 θ 的機率分配中得到的機率（**事後分配**）

在母數 θ 的機率分配下，得到資料 x 的機率（**概似函數**）

$$w(\theta \mid x) = k f(x \mid \theta) w(\theta)$$

得到資料 x 前，母數 θ 的機率（**事前分配**）

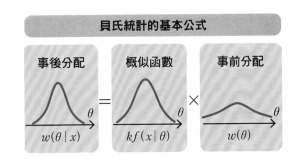

貝氏統計的基本公式

事後分配		概似函數		事前分配
$w(\theta \mid x)$	=	$k f(x \mid \theta)$	×	$w(\theta)$

例 已知某工廠產線所製作的巧克力餅乾，其重量 x 服從變異數 1^2 的常態分配；當抽出 1 個產品調查時，得到重量為 101 公克。試求此時工廠製品重量平均數 μ 的機率分配。

抽出
工廠產線

貝氏理論的計算基本上必須按照之前介紹的「3 個步驟」（➡P130）來計算。

步驟 1 計算概似函數

觀察一下〔公式（2）〕右邊的「概似函數」$f(101 \mid \mu)$ 吧，它代表在平均 μ 的常態分配（變異數為 1^2）中，出現 $x = 101$ 的機率密度。這表示它與在包含母數 μ 的機率密度函數

$$f(x) = \frac{1}{\sqrt{2\pi} \times 1} e^{\frac{(x-\mu)^2}{2 \times 1^2}}$$

代入 $x = 101$ 時，此時所得到機率密度函數的值與概似函數相同。

概似函數 $f(101 \mid \mu) = \dfrac{1}{\sqrt{2\pi}} e^{\frac{(101-\mu)^2}{2}}$ ．．．（3）

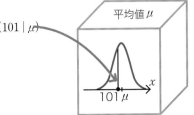
平均值 μ
$f(101 \mid \mu)$
$101 \, \mu$

步驟 2 設定事前分配

假設為下面的均勻分配（不充分理由原則）

事前分配 $w(\mu) = 1 \cdots$ （4）

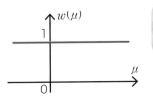

貝氏理論的使用方式往往相同！

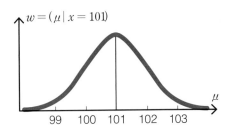

步驟 3 計算事後分配

將以上的結果代入〔公式（2）〕當中，決定全部機率為 1 到 k，接著確定下面的「事後分配」。

事後分配 $w(\mu \mid 101) = \dfrac{1}{\sqrt{2\pi}} e^{\frac{(101-\mu)^2}{2}}$ **答**．．．（5）

由於事前分配為「均勻分配」〔算式（4）〕，因此結果與「概似函數」〔算式（3）〕相同。

當已知母數 μ 的機率分配為 $w(\mu \mid 101)$ 時，代表我們能夠獲得有關平均數 μ 的所有機率資訊。

$w = (\mu \mid x = 101)$

99　100　101　102　103　μ

統計學人物傳 7 托馬斯·貝葉斯

有關貝氏統計學創始者**托馬斯·貝葉斯**的相關事蹟，很遺憾地並沒有詳細的記載，就連他的出生日期也眾說紛紜。從文獻追蹤，得知他於1702年出生在倫敦某長老派（加爾文派）教會牧師的家中。身為長子的他，在1719年為了學習邏輯及神學而進入愛丁堡大學就讀；而後，在英國最南端的肯特郡，成為著名療養地皇家唐橋井的長老派教會牧師。

儘管貝氏並沒有隸屬於任何大學研究機構，但仍是一名相當傑出的數學家。他不僅留下有關微積分的論文，而且在1742年得到推薦而進入皇家學會當中。

貝氏最著名的論文《解開機率論問題的小品集》（*An Essay Toward Solving a Problem in the Doctrine of Chances*，1764年），是在他去世3年之後，由**理查德·普萊斯**（1723~1791）整理遺稿時所發現。雖然上面並沒有記載「貝氏定理」，可是經由著名的數學、物理學家**皮耶·西蒙·拉普拉斯**（1749~1827）根據他的遺稿加以修正，並將圍繞在文章中心的定理命名為「貝氏定理」。

以「貝氏定理」為出發點的貝氏理論，開始於21世紀迅速地運用在各個領域當中，像是貝氏理論、貝氏科技、貝氏統計學、貝氏引擎等冠上貝氏名稱的名詞，並且在數學、經濟學、資訊科學、心理學等各種領域開始受到矚目，這些理論的概要就如同本章所述。以貝氏命名的貝氏理論，在現代的機率論、統計論、資訊論當中建立了不可動搖的地位。

接著也順便介紹一下剛才提及的兩個人吧。

第一位是整理貝氏遺稿的普萊斯，他也是人壽保險觀念的創始人之一，最有名的事蹟是將推論平均壽命及人口動向的理論加以具體化。

托馬斯·貝葉斯
（1702~1761）

貝氏的肖像。只是並不確定這是否為真正的貝氏本人。

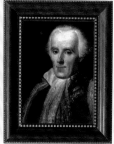

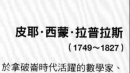

皮耶·西蒙·拉普拉斯
（1749~1827）

於拿破崙時代活躍的數學家、物理學家。

另一位則是著名的學者拉普拉斯，這個名字各位一定在數學及物理學的教科書上看過。例如，拉普拉斯定理、拉普拉斯演算法、拉普拉斯轉換等等。

冠上拉普拉斯之名的「拉普拉斯的惡魔」，在科學哲學上也非常有名。當法國皇帝拿破崙對他說：「你的著作雖然為不朽的名作，但卻沒有任何一處提及神的事蹟。」這時，他回答：

「陛下，我不需要那個假設。」

因為他主張：「如果有人了解某個特定時間中宇宙所有粒子的運動狀態，那麼便能在事前透過計算，來預測之後所有的現象。」於是人們便將「了解粒子運動狀態的人」稱為「拉普拉斯的惡魔」。

8 統計學的應用

大數據

在現代的IT化社會中，累積的資訊量是過去前所未見的，於是人們開始摸索新的統計方法，並將它的對象稱為大數據。

● 大數據的容量

令人驚訝地，目前每日有大約2.5EB（艾位元組）的大量資料，在IT等資訊世界創造出來；同時現存90%以上的資料，都是在最近幾年生成的。我們將這些龐大的資料稱為**大數據**。

近幾年來累積如此多的資料哦。

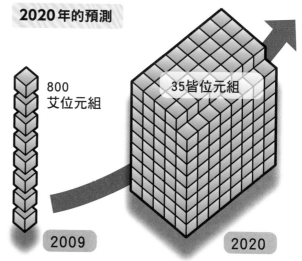

2020年的預測

800 艾位元組

35皆位元組

2009

2020

資料容量單位

1,000,000,000,000,000,000,000 位元

皆	艾	拍	兆	吉	百萬	千
(ZB)	(EB)	(PB)	(TB)	(GB)	(MB)	(KB)
2011年	2009年	2005年	2002年	～1990年代		

● 大數據的特徵

大數據的特徵，與過去電腦的資料截然不同；過去是以郵件、文書處理器、試算表、資料庫等固定型態的資料，作為IT資訊的要角。可是目前充斥在網路上的資料為探測器資訊、社群網路的留言資訊（Twitter或Facebook等）、保存在網路上的數位照片、影片、行動電話的GPS訊號等等，以各種不同的形式產生並流通；像這樣的資料稱為**非結構化資料**，據說占了目前IT資訊的8成以上。

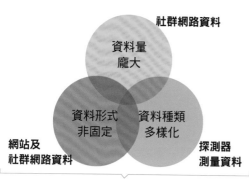

社群網路資料

資料量龐大

資料形式非固定

資料種類多樣化

網站及社群網路資料

探測器測量資料

非結構化資料

● 分析大數據的技術

大數據的統計分析與電腦息息相關，必須將過去前所未見的各種大量資料進行高速收集、處理，以及統計分析，因此在科技業投入了大量的研究費用，並致力於開發相關工具上。此外，非結構化資料的統計處理，是過去統計學最不擅長、同時也是對於今後發展備受期待的領域。

高度的資料分析
利用高度的分析手法，將特徵及模式從資料中取出。

大量、多樣化的資料處理
收集及處理大容量且多樣化的資料。

處理、分析高速資料
將各種資料與已知的特徵及模式作比對。

大數據

● 大數據與隱私問題

　　儘管大數據的收集與分析方法在近年來急速地發展，但同時也引發了各式各樣的問題。尤其是大數據中何者的資訊、侵犯隱私權的問題等。在2013年夏天所發生的事件當中，清楚地反映出這些問題，那就是JR東日本鐵路公司任意將Suica資訊轉讓給企業的事件。

　　Suica的使用資訊，理所當然地屬於購買Suica的使用者，然而它也是大數據當中極少量的資訊，大概是剩下多少額度這種難以預測的數量罷了；另外，Suica的使用資訊也包含隱私資料，像是「何時到了哪裡」等，這些都曝露在第三者的面前。大數據的收集和分析，經常伴隨著這些難以避免的問題。

● 大數據的現況

大數據的分析並非未來的科技，而是已經實用化的技術了；這裡介紹2個代表性的例子。

例1　針對經濟動向的利用

　　利用Google或Yahoo！等搜尋引擎所搜尋的名詞，會反映出當時瞬間的社會狀況，其中一種就是「經濟的狀況」。譬如當景氣狀況好轉時，像是「房屋」、「汽車」等高單價商品，或是「轉職」等偏向積極面的搜尋會比較多；若景氣狀況不佳時，「失業保險」、「失業率」等負面的詞彙被搜尋的次數就會增加。下方表格為Yahoo！JAPAN所公布景氣與關鍵字的相關係數，它比內閣府發表的景氣動向指數更為即時，或許也較為可靠也說不定。

與景氣正相關的關鍵字 （具有搜尋增加、景氣指標就會改善的趨勢）		與景氣負相關的關鍵字 （具有搜尋增加、景氣指標就會變差的趨勢）	
相關係數	搜尋關鍵字	相關係數	搜尋關鍵字
0.788	轉振點	-0.793	勞保年金
0.765	年收入1000萬元	-0.790	TEIKOKU DATABANK
0.714	○○（某高級品牌）斜肩包	-0.788	工商調查
0.733	短髮型錄	-0.741	僱用
0.720	國產車	-0.701	資產減損會計

例2　選舉預測

　　經常被搜尋、或在Twitter等平台受到正面討論的候選人，想當然地人氣必定居高不下，同時得票率也有可能偏高；相反地，沒有被搜尋也沒有受到討論、或者與負面的名詞一起討論的候選人，不僅人氣較低，而且落選的可能性也比較高。在現代的選舉中，一邊進行這種分析、一邊從事選舉活動是理所當然的行為。

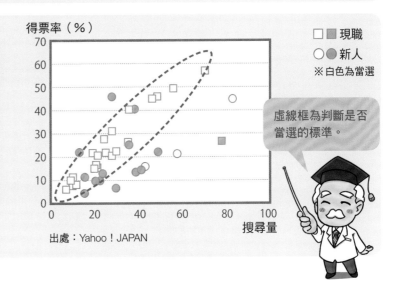

出處：Yahoo！JAPAN

80/20法則與長尾理論

本節將介紹在市場行銷中最著名的「80/20法則」與站在對立面的「長尾理論」（長尾巴）。

● 80/20法則

80/20法則的意義如下：

·所有商品的「前20%」商品占了「銷售額的80%」。

·所有顧客的「前20%」顧客占了「銷售額的80%」。

以生活經驗來說明，可以說因為這個法則，造成超市及便利商店只會陳列熱門商品（亦即前20%）、銀行及百貨公司只會提供大客戶（亦即前20%）較佳的服務品質。簡單來說，就是排名較高的一小群「幾乎占了所有比例」。

我們用下列範例觀察80/20法則吧。

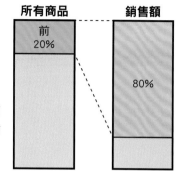

所有商品 / 銷售額 / 前20% / 80%

例　下面左方的表格為調查某間餅乾製造商的產品A～J的販賣數量，利用它來確認80/20法則吧。

商品名	銷售排名	銷售數量
A	2	152
B	7	31
C	1	945
D	3	73
E	5	45
F	8	28
G	10	5
H	9	11
I	6	39
J	4	62

商品名	銷售排名	銷售數量
C	1	945
A	2	152
D	3	73
J	4	62
E	5	45
I	6	39
B	7	31
F	8	28
H	9	11
G	10	5

前20%占總體80%以上

將原始資料（左）進行名次排序，就得到右方的表格；可以看見前20%（也就是2號的銷售排名）的銷售數量占了總體80%以上，此即為「80/20法則」。

● 冪律分布

「冪律分布」是指形狀像下圖一樣、為曲線朝著較大的數值平緩延伸的機率分配；數學上是以 $y = kx^\alpha$（$\alpha < -1$，k 為正號的常數）函數來表示的機率分配。左下圖代表 $y = kx^\alpha$（$\alpha = -3$）的機率分配。

雖說統計學中是以常態分配為主流，但從這個例子可以得知，實務分析也必須具備像「冪律分布」這種特殊分配的知識。

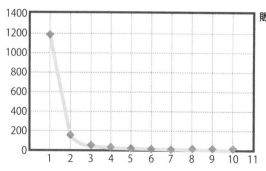

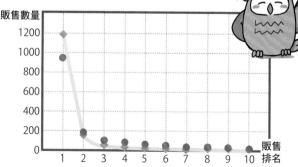

將上個〔範例〕的銷售排行資料重疊在這張冪律分布的圖形上，於是便得到右邊的圖；可以看到它幾乎都落在冪律分布的曲線上。

從這個例子可以看出，80/20法則能夠利用冪律分布這種機率分配來說明。像是商品的銷售、地震及恐慌的發生等等，對於生活周遭大部分的機率現象都能以冪律分布來加以說明。

● 萬眾矚目的冪律分布

冪律分布的圖形右側拉著一條長長的尾巴，因此將這個部分稱為**長尾**。剛才介紹過，冪律分布運用於商品的銷售、網站的到訪人數、企業收益等資料分析上，這些全賴這個長尾所賜。

話說回來，統計學常見的常態分配是以平均數為中心而呈現一個左右對稱的鐘型，一旦偏離平均數，數值便會無限延伸而趨近於零；換言之，會變成難以像長尾一樣運用於資料分析的形狀。

大眾媒體經常使用氣候異常、千年一次的地震、百年一次的經濟危機等名詞，想要將這些異常值用於統計學上，冪律分布比起常態分配更為合適。

> 常態分配的機率密度函數一旦偏離平均數便會急劇地趨近於零，大幅偏離平均數的現象在實際上並不會發生；然而「冪律分布」即使偏離平均數也不會隨即歸零。這個特徵對於建構現代的統計模型相當有幫助。

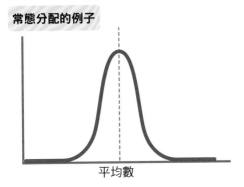

常態分配的例子

平均數

冪律分布的例子

長尾

平均數

● 長尾理論與網路購物

IT引發流通革命一說由來已久，當中最有名的一個主題就是長尾理論與購物網站的關係。

如同前面所述，過去是以「80/20法則」來掌控市場，零售商幾乎都是將排名前20%的熱門商品陳列在店面，以進行販賣行為。可是當販賣行為移至網路時，展示面積這類物理上的限制便消失了，使得冷門商品也能夠輕易地販售。總而言之，當調查購物網站的銷售量時，只能賣出少數的冷門商品銷售額形成了一股不能輕忽的比例，此稱為**長尾現象**或**長尾效果**。

右圖呈現近年（2005年）亞馬遜網站的長尾現象。

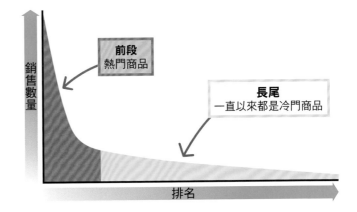

銷售數量

前段
熱門商品

長尾
一直以來都是冷門商品

排名

經濟物理學

還有一種以物理的手法研究分析經濟現象的學科領域。將原子串連在一起便能構成各種不同的物質、並產生各式各樣的活動；經濟也是一樣，將人們的慾望和希望連在一起而組成各種社會形態、並產生各式各樣的社會運動。利用統計物理研究這些社會形態及社會運動的手法，就是**經濟物理學**的範疇。雖為一門剛起步不久的學科，但正致力於釐清80/20法則及大部分的社會現象依循冪律分布的原因。

判斷原因是非對錯的統計學

本節將介紹某個現象與發生這個現象的因子，用來表示兩者之間關係強弱的「勝算比」。

● 勝算比

將造成某現象的原因視為因子（假設以A表示），再分為發生及沒有發生此現象的兩個群體，調查與因子A相關及沒有相關的兩組個體數，將這些彙整成表格。此時 $\frac{a/b}{c/d}$ 稱為因子A的**勝算比**。

【註】各組分子及分母之間稱為**勝算**。

因子	發生現象的群組		沒有發生現象的群組	
	相關個數	不相關個數	相關個數	不相關個數
A	a	b	c	d

公式

$$因子A的勝算比 = \frac{a/b}{c/d} \cdots (1)$$

例1 有20人吃了某間小吃店的餐點，當中有10個人出現食物中毒的症狀，另外10人沒有任何症狀。食物A被認為是中毒的原因，而吃下它的人數與沒有吃的人數如下表所示。此時針對食物A「食物中毒組」和「沒有中毒組」的勝算比為16。

食物	食物中毒組		沒有中毒組	
	有吃	沒有吃	有吃	沒有吃
A	8	2	2	8

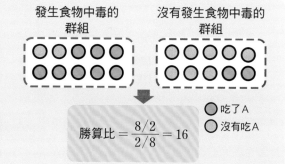

發生食物中毒的群組　　沒有發生食物中毒的群組

$$勝算比 = \frac{8/2}{2/8} = 16$$

○ 吃了A
○ 沒有吃A

● 勝算比呈現「關係的強弱」

勝算比呈現出因子與現象之間「關係的強弱」，這裡以下面的例子來確認。

例2 如〔例1〕中的說明，有20人吃了某間小吃店的餐點，當中有10個人出現食物中毒的症狀，另外10人沒有任何症狀。除了食物A之外，認為食物B及C為主因，吃下它們和沒有吃的人數如右表所示。試求此時食物B和C的勝算比。

食物	食物中毒組		沒有中毒組	
	有吃	沒有吃	有吃	沒有吃
B	6	4	4	6
C	4	6	4	6

食物B的勝算比 $= \frac{6/4}{4/6} = \underline{2.25}$

食物C的勝算比 $= \frac{6/4}{6/4} = \underline{1}$ **答**

勝算比 小　因子——關聯小——現象

勝算比 大　因子——關聯大——現象

勝算比的大小呈現出因子與現象的關係。

食物B也能視為食物中毒原因的因子，可是從個數來比較，食物B與食物中毒之間的關係比起〔例1〕的食物A還要薄弱；而食物B的勝算比為2.25、〔例1〕的食物A為16。從這裡看來，勝算比充分地表現出視為原因的因子食物與食物中毒關係的強弱。

食物C並不能視為食物中毒的原因，這是因為它在發生食物中毒的群組與沒有發生食物中毒的群組之間的個數皆相同的緣故。這裡要注意的是，食物C的勝算比為1，**當因子與現象沒有關係時，勝算比便為1。**

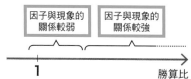

因子與現象的關係較弱	因子與現象的關係較強

1　　　　　　　　　　勝算比

當因子與現象沒有關係時，勝算比為1。若勝算比在1附近，便不能斷定兩者之間具有關聯性。

勝算比的區間估計

我們能夠根據勝算比調查現象和因子之間「關係的強弱」，是利用下面**區間估計公式**的緣故，才能夠從統計學的角度對勝算比進行評價。

將觀測群X、Y視為樣本，以觀察抽出這些樣本的原母體勝算比；此時，以下的公式成立。

公式

有兩個觀測某一現象是否發生的群組。令這些群組被視為原因的因子勝算比為r，根據各個母體計算出來的勝算比為R，已知勝算比R在可靠度95％的條件下，信賴區間如下。

$$r\exp\left\{-1.96\sqrt{\frac{1}{a}+\frac{1}{b}+\frac{1}{c}+\frac{1}{d}}\right\} \leq R \leq r\exp\left\{+1.96\sqrt{\frac{1}{a}+\frac{1}{b}+\frac{1}{c}+\frac{1}{d}}\right\} \cdots (2)$$

這裡的a、b、c、d為下列表格所顯示的觀測個數（也顯示於左頁的表格中）。

因子	現象發生的觀測群（X）		現象沒有發生的觀測群（Y）	
	相關的比例	無關的比例	相關的比例	無關的比例
A	a	b	c	d

【註】$\exp x$ 代表e^x。另外，採用可靠度99％的信賴區間時，就要將1.96換成2.58。

本節的前提是將觀測到某現象的群組作為勝算比的分子、沒有觀測到某現象的群組作為勝算比的分母，如此一來，勝算比r實際上就會比1還要來得大。這麼做正是因為要達到「信賴區間的下限值比1更大」的條件，並以此判斷因子與現象之間的關係。

> **例3** 試求〔例1〕、〔例2〕的食物A～C勝算比在可靠度95％時的信賴區間。利用這個結果，評斷哪個食物為食物中毒的原因。

利用上方公式可以求出以下的表格：

食物	勝算比（信賴區間95％）
A	16.00（1.79 － 143.16）
B	2.25（0.38 － 13.47）
C	1.00（0.17 － 5.98）

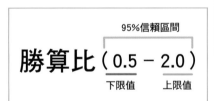

95%信賴區間

勝算比（0.5 － 2.0）

下限值　上限值

此為勝算比與信賴區間的表示方式。

食物A的勝算比在95％的信賴區間下限大於1，因此可以確定食物A與食物中毒的「關係較強」；反之，食物B的勝算比只稍微大於1，而且95％信賴區間的下限小於1，所以無法對食物B做出「為食物中毒的原因」的結論（前面已經說明過，食物C很明顯地不能視為食物中毒的原因之一，同時從信賴區間上來看，也證實了這一點）。

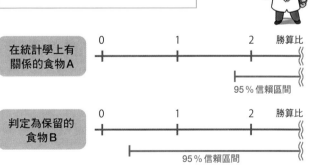

在統計學上有關係的食物A

判定為保留的食物B

在醫療領域中常用的勝算比

一提到勝算比，也有不少人會聯想到賽馬。要注意的是，這裡所使用的「勝算比」，並非指勝負這類的事，勝算比是指發生的比例。如本篇內容所述，利用這個比例便能進行區間估計。

利用勝算比來進行資料分析的方法，也經常應用於醫療的領域當中，可說是一個從陰晦不明的資料中找出真正原因的重要統計技巧。

平均壽命和平均餘命

人類社會的平均壽命是如何計算出來的？

● 固定群體的平均壽命

這裡以壽命不長的倉鼠來觀察**平均壽命**的意義。

> **例1** 我們得到100隻剛出生的倉鼠，並觀察他們的壽命，結果如右方的表格所示，試求這100隻倉鼠的平均壽命與平均餘命。死亡數是指該年齡死亡的倉鼠數量，生存數是指該年齡生存的倉鼠數量。

年齡	生存數	死亡數
0	100	40
1	60	30
2	30	24
3	6	6

根據這張表，**平均壽命**的計算如下：

100隻倉鼠的平均壽命

$$= 0 \times \frac{40}{100} + 1 \times \frac{30}{100} + 2 \times \frac{24}{100} + 3 \times \frac{6}{100} = 0.96年$$

此外，求出各年齡倉鼠之後平均還能存活幾年的**平均餘命**。

1歲倉鼠的平均餘命

$$= (1-1) \times \frac{30}{60} + (2-1) \times \frac{24}{60} + (3-1) \times \frac{6}{60} = 0.6年$$

2歲倉鼠的平均餘命

$$= (2-2) \times \frac{24}{30} + (3-2) \times \frac{6}{30} = 0.2年$$

【註】平均壽命與0歲時的平均餘命相同。

0歲以上的倉鼠

1歲以上的倉鼠

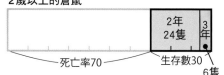

2歲以上的倉鼠

● 死亡率

〔例1〕是以100隻倉鼠為對象，並從群體不變的角度來觀察，可是人類社會卻會每年更新群體，此時在〔例1〕的表格中，像「死亡數」這種具體的個數便失去意義了。因此當考慮人類社會的平均壽命時，就要將〔例1〕中死亡數的表格替換成**死亡率**的表格。

> **例2** 根據〔例1〕倉鼠的表格，作出「死亡率」的表格。

從前一年的生存數（0歲的前一年生存數為出生數100）減去該年齡的生存數，便能得到死亡數；利用死亡數計算下列的死亡率。

$$該年齡的死亡率 = \frac{該年齡的死亡數}{該年齡的生存數}$$

因此，

0歲的死亡率 $= \frac{40}{100} = 0.4$、年齡1歲的死亡率 $= \frac{30}{60} = 0.5$

2歲的死亡率 $= \frac{24}{30} = 0.8$、年齡3歲的死亡率 $= \frac{6}{6} = 1$

年齡	死亡率	生存數	死亡數
0	0.4	100	40
1	0.5	60	30
2	0.8	30	24
3	1	6	6

【註】上表為100隻的資訊

從計算過程中可以得知，「死亡率」可以靠該年的「死亡數」與「生存數」的資訊計算出來，因此每年更新的群體也能夠製作出死亡率的表格。在日本厚生勞動省所公布「簡易生命表」（→參考右頁）的第1項即刊登出死亡率的資訊。

● 根據死亡率計算出平均壽命

以下說明根據死亡率的表格，計算「平均壽命」和「平均餘命」的方法。

> **例3** 每年抽出 100 隻倉鼠，並調查其死亡率，結果如右表所示。試求 100 隻倉鼠的「平均壽命」和「平均餘命」。

年齡	死亡率
0 年	0.4
1 年	0.5
2 年	0.8
3 年	1

這裡顯示的表格與根據〔例1〕的表格計算出來的死亡率表格相同，因此應該可以得到與〔例1〕相同的值。〔例3〕的目標是從死亡率著手，以計算出「平均壽命」與「平均餘命」。

①根據死亡率計算出生存數、 死亡數

考慮和〔例1〕同為100隻，根據死亡率計算出該年齡的「生存數」、「死亡數」。

> 該年齡的死亡數＝該年齡的生存數×該年齡的死亡率
>
> 該年齡的生存數＝前一年的生存數－前一年的死亡數

年齡	死亡率	生存數	死亡數
0	0.4	100	40
1	0.5	60	30
2	0.8	30	24
3	1	6	6

【註】上表為100隻的資訊

利用這個得到：

0歲的生存數＝ 100（前提）　　　　0歲的死亡數＝ $100 \times 0.4 = 40$

1歲的生存數＝ $100 - 40 = 60$　　　1歲的死亡數＝ $60 \times 0.5 = 30$

2歲的生存數＝ $60 - 30 = 30$　　　2歲的死亡數＝ $30 \times 0.8 = 24$

3歲的生存數＝ $30 - 24 = 6$　　　　3歲的死亡數＝ $6 \times 1 = 6$

【註】日本厚生勞動省所發表的「簡易生命表」，是以10萬人作為基本模型。

②根據製成的表格計算平均壽命、 平均餘命

只要得到各年度的死亡數，便能如〔例1〕一般計算出平均壽命及平均餘命。

年齡	死亡率	生存數	死亡數	平均餘命
0	0.4	100	40	0.96
1	0.5	60	30	0.6
2	0.8	30	24	0.2
3	1	6	6	0

【註】上表為100隻的資訊

實際的平均壽命

　為了要將概念加以簡化，因此前述範例是以100隻倉鼠為例來調查其平均壽命及平均餘命。實際上，國家所發布的平均壽命及平均餘命，一般都是利用「簡易生命表」計算，這張表格可以從右下的網站中下載。利用這張表格再搭配〔例3〕的方法，便能夠計算出平均壽命及平均餘命，請試著計算看看。

http://www.mhlw.go.jp/toukei/saikin/hw/life/life11/

估算保險費用的方法

人壽保險的保險費用是如何計算出來的呢？本節將會説明計算的內容。

● 根據死亡率計算

這裡舉一個簡單計算保險費用的例子，假設我們要計算20歲女性「為期1年的死亡保險」（被保險人死亡時支付保險金的保險）的保險費用。

計算所需的資料為死亡率的表格，以下以日本厚生勞動省網站所提供的死亡率簡易表（2011年）為例。。

從這個表格來看，20歲女性的死亡率為「0.00029」，於是我們得知10萬人當中「在1年內約會有29人」死亡；接著假設此死亡保險有10萬名的加入者，且死亡時支付的保險金為1000萬元，所需的保險費用計算方式如下：

保險金		預估死亡率		加入保險者		所需保險費用
1000萬元	×	0.00029人	×	10萬人	=	29000萬元

將29000萬元除以加入保險者（10萬人），以計算出每位加入保險者的保險費用。

所需保險費用		加入保險者		每位加入保險者的保險費用
29000萬元	÷	10萬人	=	2900元

之後再加上公司的經費及利潤，以決定出保險費用。

死亡率（女）（日本厚生勞動省2011年）

年齡	死亡率	年齡	死亡率	年齡	死亡率	年齡	死亡率	年齡	死亡率	年齡	死亡率
0	0.00232	20	0.00029	40	0.00079	60	0.00363	80	0.02669	100	0.30216
1	0.00039	21	0.00031	41	0.00084	61	0.00391	81	0.03046	101	0.33071
2	0.00030	22	0.00033	42	0.00091	62	0.00417	82	0.03475	102	0.36093
3	0.00023	23	0.00034	43	0.00099	63	0.00442	83	0.03968	103	0.39278
4	0.00018	24	0.00035	44	0.00109	64	0.00472	84	0.04541	104	0.42616
5	0.00015	25	0.00035	45	0.00120	65	0.00508	85	0.05211	105	1.00000
6	0.00014	26	0.00036	46	0.00130	66	0.00551	86	0.05989		
7	0.00013	27	0.00037	47	0.00140	67	0.00603	87	0.06914		
8	0.00012	28	0.00038	48	0.00151	68	0.00663	88	0.07948		
9	0.00011	29	0.00040	49	0.00161	69	0.00726	89	0.09100		
10	0.00011	30	0.00041	50	0.00173	70	0.00799	90	0.10374		
11	0.00009	31	0.00043	51	0.00187	71	0.00886	91	0.11754		
12	0.00009	32	0.00045	52	0.00202	72	0.00984	92	0.13206		
13	0.00009	33	0.00047	53	0.00218	73	0.01097	93	0.14822		
14	0.00011	34	0.00051	54	0.00235	74	0.01228	94	0.16561		
15	0.00014	35	0.00055	55	0.00251	75	0.01383	95	0.18442		
16	0.00018	36	0.00059	56	0.00267	76	0.01568	96	0.20474		
17	0.00022	37	0.00063	57	0.00286	77	0.01789	97	0.22662		
18	0.00024	38	0.00068	58	0.00310	78	0.02042	98	0.25013		
19	0.00026	39	0.00073	59	0.00336	79	0.02334	99	0.27530		

【註】這張表格的獲取方式請參考上一節（➡P147）

掌握生物的個體數

大水池中飼養了許多鯉魚，我們該如何算出池中鯉魚的數量呢？本節將介紹一個著名的「標記再捕捉法」的解決方法。

● 標記再捕捉法

當四處活動的生物生活在看不見的空間中時，最常使用的統計方法就是**標記再捕捉法**，以下面例子來觀察。

> **例1** 為了調查水池中鯉魚的數量，於是從池子中捕捉150條鯉魚，在身上作記號後放回池內；經過一段時間，等到放回去的鯉魚與其他鯉魚充分地混合之後，再次從水池中捕捉100條鯉魚，此時發現有10條鯉魚身上帶有記號。假設水池中的鯉魚數量為N。

令水池中的鯉魚總數為N條。再捕捉的樣本當中帶有記號的鯉魚比例為$\frac{10}{100}$，將水池內的總數量視為等同這個比例，所以下列關係成立。

因此可以推測$N = 150 \times \frac{100}{10} = \underline{1500匹}$。

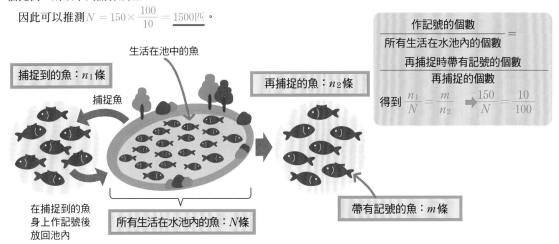

捕捉到的魚：n_1條

生活在池中的魚

捕捉魚

再捕捉的魚：n_2條

在捕捉到的魚身上作記號後放回池內

所有生活在水池內的魚：N條

帶有記號的魚：m條

$$\frac{\text{作記號的個數}}{\text{所有生活在水池內的個數}} = \frac{\text{再捕捉時帶有記號的個數}}{\text{再捕捉的個數}}$$

得到 $\frac{n_1}{N} = \frac{m}{n_2}$ ➡ $\frac{150}{N} = \frac{10}{100}$

● 進行區間估計

從統計學來看，〔例1〕的「標記再捕捉法」為根據樣本比例$r = 10/100$（再捕捉時帶有記號的鯉魚比例），來估計母體比例$R = 150/N$（水池中帶有記號的鯉魚比例）的問題。此時便可以利用「估計母體比例」的公式（➡P97）。

公式　當樣本的大小n越大時，假設樣本比例為r，此時母體比例R的信賴區間如下。
母體比例估計的公式：

$$r - 1.96\sqrt{\frac{r(1-r)}{n}} \leq R \leq r + 1.96\sqrt{\frac{r(1-r)}{n}} \quad \text{（母體比例R在可靠度95％時的信賴區間）}$$

利用這個公式，試著重新計算〔例1〕。

> **例2** 根據〔例1〕的問題，試求「水池鯉魚數量N」在可靠度95％時的信賴區間。
> 將$n = 100$、$r = 10/100 = 0.1$、$R = 150/N$代入〔公式〕，
>
> $$0.1 - 1.96\sqrt{\frac{0.1(1-0.1)}{100}} \leq \frac{150}{N} \leq 0.1 + 1.96\sqrt{\frac{0.1(1-0.1)}{100}}$$
>
> 計算後得到可靠度95％的信賴區間如下：$\underline{944 \leq N \leq 3641}$ **答**

公式、定理索引

這裡將本書中所使用的統計學「公式」及「定理」，按照出現的順序加以排列。哪個項目對應哪個公式能夠一目了然，詳細內容請參閱內文。

2章 敘述統計學

● 呈現比例的圖表

公式　比例＝要比較的數量÷總數量　(24)

● 次數分配折線圖

公式　相對次數＝次數÷總次數　(31)

● 資料的平均數

公式　平均數 $\overline{x} = \dfrac{x_1 + x_2 + \cdots + x_N}{N} \cdots (1)$　(34)

公式　平均數 $x = \dfrac{x_1 f_1 + x_2 f_2 + \cdots + x_n f_n}{N} \cdots (2)$　(35)
（已知次數分配表時）

● 變異數和標準差

公式
偏差＝資料值－平均數
偏差平方和＝偏差1^2＋偏差2^2＋$\cdots$
變異數＝偏差平方和÷資料數量　(38)

公式
x_i 的偏差 $= x_i - \overline{x}$
偏差平方和 $Q = (x_1 - \overline{x})^2 + (x_2 - \overline{x})^2 + \cdots + (x_N - \overline{x})^2 \quad \cdots (1)$
變異數 $s^2 = \dfrac{Q}{N} = \dfrac{1}{N}\{(x_1 - \overline{x})^2 + (x_2 - \overline{x})^2 + \cdots + (x_N - \overline{x})^2\}$　(39)

公式
偏差平方和 $Q = (x_1 - \overline{x})^2 f_1 + (x_2 - \overline{x})^2 f_2 + \cdots + (x_n - \overline{x})^2 f_n$
變異數 $s^2 = \dfrac{1}{N}\{(x_1 - \overline{x})^2 f_1 + (x_2 - \overline{x})^2 f_2 + \cdots + (x_n - \overline{x})^2 f_n\} \quad \cdots (2)$
（已知次數分配表時）　(39)

● 離散度

公式　全距 $R = x_{\max} - x_{\min}$　(40)

● 標準化與標準化值

公式　變數的標準化 $z = \dfrac{x - \overline{x}}{s} \cdots (1)$　(42)

公式　標準化值 $z = 50 + 10 \times \dfrac{x - \overline{x}}{s} \cdots (2)$　(42)

● 用來表示資料相關性的數值

公式　共變異數 $s_{xy} = \dfrac{(x_1 - \overline{x})(y_1 - \overline{y}) + (x_2 - \overline{x})(y_2 - \overline{y}) + \cdots + (x_n - \overline{x})(y_n - \overline{y})}{n} \cdots (1)$　(46)

公式　相關係數 $r_{xy} = \dfrac{s_{xy}}{s_x s_y} \cdots (2)$　(47)

公式

不偏變異數 $s^2 = \dfrac{(X_1-\overline{X})^2+(X_2-\overline{X})^2+\cdots+(X_n-\overline{X})^2}{n-1}$ …（1）

91

公式

母體變異數 $\sigma^2 = \dfrac{(x_1-\mu)^2+(x_2-\mu)^2+\cdots+(x_N-\mu)^2}{N}$

91

● 資料的自由度

公式

樣本平均數 $\overline{X} = \dfrac{X_1+X_2+\cdots+X_n}{n}$ …（1）

不偏變異數 $s^2 = \dfrac{(X_1-\overline{X})^2+(X_2-\overline{X})^2+\cdots+(X_n-\overline{X})^2}{n-1}$ …（2）

92

公式

自由度

不偏變異數 $s^2 = \dfrac{(X_1-\overline{X})^2+(X_2-\overline{X})^2+\cdots+(X_n-\overline{X})^2}{\text{自由度}}$ …（6）

93

● 小樣本的母體平均數的估計（t 分配）

公式

t 分配 $f(c, x) = k\left(1+\dfrac{x^2}{c}\right)^{-\frac{c+1}{2}}$ …（1）

94

定理 **t 分配的定理**

有一組由服從常態分配的母體當中得到「大小為 n」的樣本；令樣本平均數為 $\overline{X}$、不偏變異數為 s^2（標準差為 s）。此時右方的變數 T 服從「自由度 $n-1$」的 t 分配。

$T = \dfrac{\overline{X}-\mu}{\dfrac{s}{\sqrt{n}}}$ …（2）

94

● 母體比例估計

公式

母體比例 $R = \dfrac{\text{要素為「是」的個數}}{\text{母體大小}}$ …（1）

樣本比例 $r = \dfrac{\text{要素為「是」的個數}}{\text{樣本大小}}$ …（2）

96

定理 **母體比例估計的定理**

在「是」與「否」所組成的母體中，令「是」的比例（母體比例）為 R；從母體中抽出大小為 n 的樣本，令樣本中「是」的個數為 X。當 n 較大時，X 服從期望值 nR、變異數 $nR(1-R)$ 的常態分配。

96

公式 **母體比例估計的公式**

$r-1.96\sqrt{\dfrac{r(1-r)}{n}} \leqq R \leqq r+1.96\sqrt{\dfrac{r(1-r)}{n}}$ …（3）

97

● 母體比例的檢定

定理 **母體比例估計的定理**

在「是」與「否」所組成的母體中，令「是」的比例（母體比例）為 R；從母體中抽出大小為 n 的樣本，令樣本中「是」的個數為 X。當 n 較大時，X 服從期望值 nR、變異數 $nR(1-R)$ 的常態分配。

100

定理 **重複試驗定理**

假設事件 A 在試驗 T 中發生的機率為 p。在重複 n 次的試驗 T 時，事件 A 出現的次數為 r。此時事件 A 發生的機率可由下列公式求出。

$C^n_r p^r (1-p)^{n-r}$ …（1）

101

● 變異數分析

公式

「組間偏差」的資料自由度＝組數－1

「組內偏差」的資料自由度＝組數×（組內資料數－1）

103

公式

不偏變異數＝偏差平方的平均數＝$\dfrac{\text{偏差平方的和}}{\text{自由度}}$

104

定理 從常態母體中抽出「2個樣本」，令計算得到的不偏變異數為$s_1{}^2$、$s_2{}^2$。當$s_1{}^2$、$s_2{}^2$的自由度依序為k_1、k_2時，下面的變數F服從自由度k_1與k_2的F**分配**。

F分配 $F = \dfrac{s_1{}^2}{s_2{}^2}$

104

6章 將關係科學化的統計學（多變量分析）

● 獨立性檢定（χ^2檢定）

公式 **獨立性檢定（χ^2檢定）**

① 虛無假設H_0與對立假設H_1的設定內容如下。

　　H_0：表側的項目A與表頭的項目B之間相互獨立（沒有相關性）

　　H_1：表側的項目A與表頭的項目B之間並非獨立（具有相關性）

② 製作假設獨立的期望次數表

③ 計算下面的Z（此為檢定統計量）

108

檢定統計量 $Z = \dfrac{(n_{11}-E_{11})^2}{E_{11}} + \dfrac{(n_{12}-E_{12})^2}{E_{12}} + \dfrac{(n_{21}-E_{21})^2}{E_{21}} + \dfrac{(n_{22}-E_{22})^2}{E_{22}} \cdots (1)$

④這裡的Z服從「自由度為1」的χ^2分配，利用這個性質進行檢定（χ^2**檢定**）

● 迴歸分析的做法與簡單迴歸分析

公式

迴歸方程式 $\hat{y} = a + bx \cdots (1)$

110

公式 **簡單迴歸分析的迴歸方程式**

截距 $a = \overline{y} - b\overline{x}$

迴歸係數 $b = \dfrac{s_{xy}}{s_x{}^2}$ $\cdots (2)$

110

公式

決定係數 $R^2 = \dfrac{Q - Q_e}{Q}$ $(0 \leq R^2 \leq 1) \cdots (4)$

111

原理 殘差平方和 $Q_e = (y_1 - \hat{y}_1)^2 + (y_2 - \hat{y}_2)^2 + (y_3 - \hat{y}_3)^2 + \cdots + (y_n - \hat{y}_n)^2 \cdots (3)$

111

● 迴歸分析的應用

公式 **由3個變數（w、x、y）所組成的迴歸方程式**

$\hat{y} = a + bw + cx$ （a、b、c為常數）$\cdots (2)$

$\left. \begin{array}{l} s_w{}^2 b + s_{wx} c = s_{wy} \\ s_{wx} b + s_x{}^2 c = s_{xy} \end{array} \right\} \cdots (3)$

$\overline{y} = a + b\overline{w} + c\overline{x} \cdots (4)$

$\begin{pmatrix} s_w{}^2 & s_{wx} \\ s_{wx} & s_x{}^2 \end{pmatrix} \begin{pmatrix} b \\ c \end{pmatrix} = \begin{pmatrix} s_{wy} \\ s_{xy} \end{pmatrix} \cdots (5)$

共變異數矩陣

偏迴歸係數 $\begin{pmatrix} b \\ c \end{pmatrix} = \begin{pmatrix} s_w{}^2 & s_{wx} \\ s_{wx} & s_x{}^2 \end{pmatrix}^{-1} \begin{pmatrix} s_{wy} \\ s_{xy} \end{pmatrix}$

112

● 判別分析

> **公式** 判別函數
> 新變數 $z = ax + by + c \cdots (1)$　　　**120**

> **公式**
> $$\left.\begin{array}{l}組間偏差＝組內平均數－全體平均數\\組內偏差＝資料值－組內平均數\end{array}\right\} \cdots (2)$$　**120**

> **公式**
> 相關比 $\eta^2 = \dfrac{S_B}{S_T} \cdots (3)$　　**121**

7章 貝氏統計學

● 乘法定理

> **公式**
> 機率（數學機率）$p = \dfrac{作為條件的事件發生次數(A)}{所有可能發生的現象次數(U)} \cdots (1)$　**126**

> **定理** 乘法定理
> $P(A \cap B) = P(A)P(B \mid A) = P(B)P(A \mid B) \cdots (2)$　**127**

● 貝氏定理

> **定理**
> $P(A \mid B) = \dfrac{P(B \mid A)P(A)}{P(B)} \cdots (1)$　**128**

> **定理**
> $P(H \mid D) = \dfrac{P(D \mid H)P(H)}{P(D)} \cdots (2)$　**128**

● 貝氏定理的轉換

> **定理**
> $P(H_1 \mid D) = \dfrac{P(D \mid H_1)P(H_1)}{P(D)} \cdots (5)$　**130**

● 貝氏統計學的原理

> **公式** 貝氏統計學的基本公式
> $w(\theta \mid x) = kf(x \mid \theta)w(\theta) \cdots (2)$　**137**

8章 統計學的應用

● 判斷原因是非對錯的統計學

> **公式**
> 因子 A 的勝算比 $= \dfrac{a/b}{c/d} \cdots (1)$　**144**

> **公式** 區間估計公式
> $$r\exp\left\{-1.96\sqrt{\frac{1}{a}+\frac{1}{b}+\frac{1}{c}+\frac{1}{d}}\right\} \leqq R \leqq r\exp\left\{+1.96\sqrt{\frac{1}{a}+\frac{1}{b}+\frac{1}{c}+\frac{1}{d}}\right\} \cdots (2)$$　**145**

● 掌握生物的個體數

> **公式** 估計母體比例的公式
> $$r - 1.96\sqrt{\frac{r(1-r)}{n}} \leqq R \leqq r + 1.96\sqrt{\frac{r(1-r)}{n}}$$　**149**

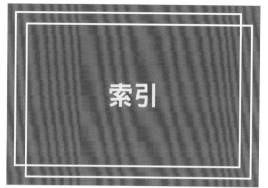

索引

七劃

八劃

九劃

十劃

作者簡介

涌井 良幸

1950年生於東京都，在東京教育大學（現在的筑波大學）數學系畢業後，任教於千葉縣立高等學校；從教職退休之後便以作家的身分致力於寫作上。

涌井 貞美

1952年生於東京，在東京大學理學系研究科修士課程結業後，歷經富士通、神奈川縣立高等學校教師等，目前為一名獨立科學作家。

TOUKEIGAKU NO ZUKAN
© 2015 Yoshiyuki Wakui, Sadami Wakui
All rights reserved.
Originally published in Japan by Gijutsu-Hyohron Co., Ltd. Japan
Chinese (in traditional character only) translation rights arranged with
Gijutsu-Hyohron Co., Ltd. Japan through CREEK & RIVER Co., Ltd.

出　　　　版／楓葉社文化事業有限公司
地　　　　址／新北市板橋區信義路163巷3號10樓
郵 政 劃 撥／19907596　楓書坊文化出版社
網　　　　址／www.maplebook.com.tw
電　　　　話／02-2957-6096
傳　　　　真／02-2957-6435
作　　　者／涌井 良幸
　　　　　　　涌井 貞美
翻　　　　譯／趙鴻龍
總 經　　 銷／商流文化事業有限公司
地　　　　址／新北市中和區中正路752號8樓
網　　　　址／www.vdm.com.tw
電　　　　話／02-2228-8841
傳　　　　真／02-2228-6939
港 澳 經 銷／泛華發行代理有限公司
定　　　　價／380元
再 版 日 期／2017年6月

國家圖書館出版品預行編目資料

誰都看得懂的統計學超圖解 / 涌井良幸, 涌井貞美作；趙鴻龍翻譯. -- 初版. -- 新北市：楓葉社文化, 2017.01　面；　公分

ISBN 978-986-370-129-3（平裝）

1. 統計學

510　　　　　　　　　　105020210